Podstawowa nauka języka koreańskiego dla osób mówiących w języku polskim

폴란드어를 사용하는 국민을 위한

기초 **한글배우기**

① 기초편

Część 1 Poziom podstawowy

권용선 저

Nauka języka koreańskiego w po polsku

■ 세종대왕(조선 제4대 왕)
Sejong Wielki
(4. władca dynastii Joseon)

■ 세종대왕 탄신 627돌(2024.5.15) 숭모제전
- 분향(焚香) 및 헌작(獻爵), 독축(讀祝), 사배(四拜), 헌화(獻花),
  망료례(望燎禮), 예필(禮畢), 인사말씀(국무총리)

■ 무용 : 봉래의(鳳來儀) | 국립국악원 무용단
- '용비어천가'의 가사를 무용수들이 직접 노래하고 춤을 춤으로써
  비로소 시(詩), 가(歌), 무(舞)가 합일하는 악(樂)을 완성하는 장면

■ 영릉(세종·소헌왕후)
조선 제4대 세종대왕과 소헌왕후 심씨를 모신 합장릉이다.
세종대왕은 한글을 창제하고 혼천의를 비롯한 여러 과학기기를 발명하는 등 재위기간 중 뛰어난 업적을
이룩하였다.

■ 소재지(Location): 대한민국 경기도 여주시 세종대왕면 영릉로 269-10

■ 대표 업적
- 한글 창제: 1443년(세종 25년)~1446년 9월 반포
- 학문 창달
- 과학의 진흥
- 외치와 국방
- 음악의 정리
- 속육전 등의 법전 편찬 및 정리
- 각종 화학 무기 개발

■ Grobowiec królewski Yeongneung (Sejong i królowa Soheon)
Jest to wspólny grobowiec królewski 4. władcy dynastii Joseon Sejong Wielki i jego żony,
królowej Soheon z rodu Sim.
Król Sejong Wielki dokonał wielkich wybitnych osiągnięć m.in. stworzył koreański alfabet
Hangul oraz różne przyrządy naukowe wliczając w to sferę armilarną

■ Lokalizacja : Sejongdaewang-myeon Yeongneung-ro 269-10, Yeoju-si, Gyeonggi-do,
Korea Południowa

■ Najważniejsze osiągnięcia
- Stworzenie alfabetu Hangul: rok 1443 (25 rok panowania władcy Sejong) - ogłoszenie
  : wrzesień 1446 roku
- Rozwój nauki
- Rozkwit nauki
- Polityka zagraniczna i Obrona narodowa
- Organizacja muzyki
- Kodyfikacja i Opracowanie Kodeksu Prawnego (m.in. Kodeks Sokyukjeon)
- Rozwój różnorodnych broni chemicznych

Let's learn Hangul!

Koreański alfabet Hangul składa się z 14 spółgłosek, 10 samogłosek oraz dodatkowo z podwójnych spółgłosek i podwójnych samogłosek, które składając się na litery tworzą dźwięki. W alfabecie Hangul istnieje około 11 170 kombinacji liter, ale około 30% z nich jest głównie używane.

Podręcznik ten został opracowany na podstawie słów i zwrotów często używanych w codziennym życiu wśród osób mówiących w języku koreańskim, koncentrując się na następujących zagadnieniach.

■ Podstawowe treści naukowe dotyczące spółgłosek i samogłosek w alfabecie Hangul.
■ Solidne podstawy do poprawnego stosowania alfabetu Hangul w oparciu o przedstawioną kolejność pisania znaków.
■ Możliwość opanowania w naturalny sposób alfabetu Hangul poprzez powtarzalne ćwiczenia z pisania możliwe dzięki miejscu w sekcji "Ćwiczenie pisania".
■ Podręcznik oraz materiały do równoległej nauki zawarte na stronie internetowej www.K-hangul.kr
■ Opracowano treści w oparciu o znaki i słowa często używane w życiu codziennym w Korei.
■ Treści dotyczące rzadko używanych znaków alfabetu Hangul zostały ograniczone, a zawarto jedynie treści naprawdę potrzebne.

Nauka języka to też nauka kultury, stająca się okazją do poszerzenia swojego myślenia. Jeśli przy pomocy tej książki, jako podstawowego podręcznika do nauki alfabetu Hangul, dokładnie opanujecie zawartą w niej treść, z pewnością będziecie w stanie szeroko zrozumieć zarówno Hangul jak i kulturę i koreańskiego ducha. Dziękujemy.

Autor : Kwon, Yong-sun

한글은 자음 14자, 모음 10자 그 외에 겹자음과 겹모음의 조합으로 글자가 이루어지며 소리를 갖게 됩니다. 한글 조합자는 약 11,170자로 이루어져 있는데, 그중 30% 정도가 주로 사용되고 있습니다. 이 책은 실생활에서 자주 사용하는 우리말을 토대로 내용을 구성하였고, 다음 사항을 중심으로 개발 되었습니다.

■ 한글의 자음과 모음을 기초로 배우는 기본 학습내용으로 이루어져 있습니다.
■ 한글의 필순을 제시하여 올바른 한글 사용의 기초를 튼튼히 다지도록 했습니다.
■ 반복적인 쓰기 학습을 통해 자연스레 한글을 습득할 수 있도록 '쓰기'에 많은 지면을 할애하였습니다.
■ 홈페이지(www.k-hangul.kr)에 교재와 병행 학습할 수 있는 자료를 제공하고 있습니다.
■ 한국의 일상생활에서 자주 사용되는 글자나 낱말을 중심으로 내용을 구성하였습니다.
■ 사용빈도가 높지 않은 한글에 대한 내용은 줄이고 꼭 필요한 내용만 수록하였습니다.

언어를 배우는 것은 문화를 배우는 것이며, 사고의 폭을 넓히는 계기가 됩니다. 이 책은 한글 학습에 기본이 되는 교재이므로 내용을 꼼꼼하게 터득하면 한글은 물론 한국의 문화와 정신까지 폭넓게 이해 하게 될 것입니다.

※참고 : 본 교재는 ❶기초편으로, ❷문장편 ❸대화편 ❹생활 편으로 구성되어 출간 판매 중에 있습니다.
　Odniesienie : Podręcznik został opublikowany i dostępny jest w sprzedaży w czterech częściach
　❶ Część : poziom podstawowy, ❷ Część : zdania, ❸ Część : rozmowy, ❹ Część : życie codzienne.

※판매처 : 교보문고, 알라딘, yes24, 네이버, 쿠팡 등
　Miejsce sprzedaży : Kyobo Bookstore, Aladin, yes24, Naver, Coupang itp.

※검색어 : 한글, 기초한글, 한글배우기, 한국어 등
　Wyszukiwane hasło : Hangul, Hanul podstawy, Nauka Hangul, Język Koreański itp.

저자 권용선

차례 Spis treści

제1장
자음
Rozdział 1
Spółgłoski

01 자음 [Spółgłoski]

자음 읽기 [Czytanie spółgłosek]

ㄱ	ㄴ	ㄷ	ㄹ	ㅁ
기역(Giyeok)	니은(Nieun)	디귿(Digeut)	리을(Rieul)	미음(Mieum)
ㅂ	ㅅ	ㅇ	ㅈ	ㅊ
비읍(Bieup)	시옷(Siot)	이응(Ieung)	지읒(Jieut)	치읓(Chieut)
ㅋ	ㅌ	ㅍ	ㅎ	
키읔(Kieuk)	티읕(Tieut)	피읖(Pieup)	히읗(Hieut)	

자음 쓰기 [Pisanie spółgłosek]

ㄱ	ㄴ	ㄷ	ㄹ	ㅁ
기역(Giyeok)	니은(Nieun)	디귿(Digeut)	리을(Rieul)	미음(Mieum)
ㅂ	ㅅ	ㅇ	ㅈ	ㅊ
비읍(Bieup)	시옷(Siot)	이응(Ieung)	지읒(Jieut)	치읓(Chieut)
ㅋ	ㅌ	ㅍ	ㅎ	
키읔(Kieuk)	티읕(Tieut)	피읖(Pieup)	히읗(Hieut)	

  폴란드어를 사용하는 국민을 위한 기초 한글배우기
Podstawowa nauka języka koreańskiego dla osób mówiących w języku polskim

자음 [Spółgłoski]

월   일

 자음 익히기 [Spółgłoski – ćwiczenia]

다음 자음을 쓰는 순서에 맞게 따라 쓰세요.

(Proszę napisać poniższe spółgłoski zgodnie z odpowiednią kolejnością)

자음 Spółgłoski	이름 Nazwa	쓰는 순서 Kolejność pisania	영어 표기 Romanizacja	쓰기 Ćwiczenie pisania			
ㄱ	기역		Giyeok	ㄱ			
ㄴ	니은		Nieun	ㄴ			
ㄷ	디귿		Digeut	ㄷ			
ㄹ	리을		Rieul	ㄹ			
ㅁ	미음		Mieum	ㅁ			
ㅂ	비읍		Bieup	ㅂ			
ㅅ	시옷		Siot	ㅅ			
ㅇ	이응		Ieung	ㅇ			
ㅈ	지읒		Jieut	ㅈ			
ㅊ	치읓		Chieut	ㅊ			
ㅋ	키읔		Kieuk	ㅋ			
ㅌ	티읕		Tieut	ㅌ			
ㅍ	피읖		Pieup	ㅍ			
ㅎ	히읗		Hieut	ㅎ			

○3 한글 자음과 모음표

[Tabela koreańskich spółgłosek i samogłosek]

월   일

※ 참고 : 음절표(18p~37P)에서 학습할 내용

mp3 자음 모음	ㅏ (아)	ㅑ (야)	ㅓ (어)	ㅕ (여)	ㅗ (오)	ㅛ (요)	ㅜ (우)	ㅠ (유)	ㅡ (으)	ㅣ (이)
ㄱ (기역)	가	갸	거	겨	고	교	구	규	그	기
ㄴ (니은)	나	냐	너	녀	노	뇨	누	뉴	느	니
ㄷ (디귿)	다	댜	더	뎌	도	됴	두	듀	드	디
ㄹ (리을)	라	랴	러	려	로	료	루	류	르	리
ㅁ (미음)	마	먀	머	며	모	묘	무	뮤	므	미
ㅂ (비읍)	바	뱌	버	벼	보	뵤	부	뷰	브	비
ㅅ (시옷)	사	샤	서	셔	소	쇼	수	슈	스	시
ㅇ (이응)	아	야	어	여	오	요	우	유	으	이
ㅈ (지읒)	자	쟈	저	져	조	죠	주	쥬	즈	지
ㅊ (치읓)	차	챠	처	쳐	초	쵸	추	츄	츠	치
ㅋ (키읔)	카	캬	커	켜	코	쿄	쿠	큐	크	키
ㅌ (티읕)	타	탸	터	텨	토	툐	투	튜	트	티
ㅍ (피읖)	파	퍄	퍼	펴	포	표	푸	퓨	프	피
ㅎ (히읗)	하	햐	허	혀	호	효	후	휴	흐	히

제2장

모음

Rozdział 2
Samogłoski

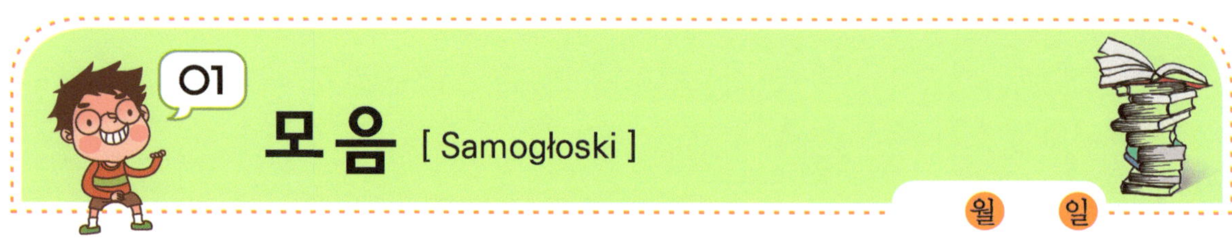

모음 읽기 [Czytanie samogłosek]

ㅏ	ㅑ	ㅓ	ㅕ	ㅗ
아(A)	야(Ya)	어(Eo)	여(Yeo)	오(O)
ㅛ	ㅜ	ㅠ	ㅡ	ㅣ
요(Yo)	우(U)	유(Yu)	으(Eu)	이(I)

모음 쓰기 [Pisanie samogłosek]

ㅏ	ㅑ	ㅓ	ㅕ	ㅗ
아(A)	야(Ya)	어(Eo)	여(Yeo)	오(O)
ㅛ	ㅜ	ㅠ	ㅡ	ㅣ
요(Yo)	우(U)	유(Yu)	으(Eu)	이(I)

 ● 폴란드어를 사용하는 국민을 위한 기초 한글배우기
Podstawowa nauka języka koreańskiego dla osób mówiących w języku polskim

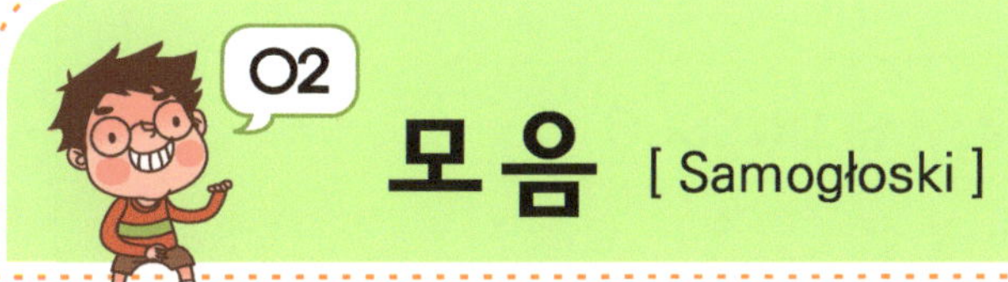

모음 [Samogłoski]

모음 익히기 [Samogłoski – ćwiczenia]

다음 모음을 쓰는 순서에 맞게 따라 쓰세요.
(Proszę napisać poniższe samogłoski zgodnie z odpowiednią kolejnością)

모음 Samogłoski	이름 Nazwa	쓰는 순서 Kolejność pisania	영어 표기 Romanizacja	쓰기 Ćwiczenie pisania				
ㅏ	아		A	ㅏ				
ㅑ	야		Ya	ㅑ				
ㅓ	어		Eo	ㅓ				
ㅕ	여		Yeo	ㅕ				
ㅗ	오		O	ㅗ				
ㅛ	요		Yo	ㅛ				
ㅜ	우		U	ㅜ				
ㅠ	유		Yu	ㅠ				
ㅡ	으		Eu	ㅡ				
ㅣ	이		I	ㅣ				

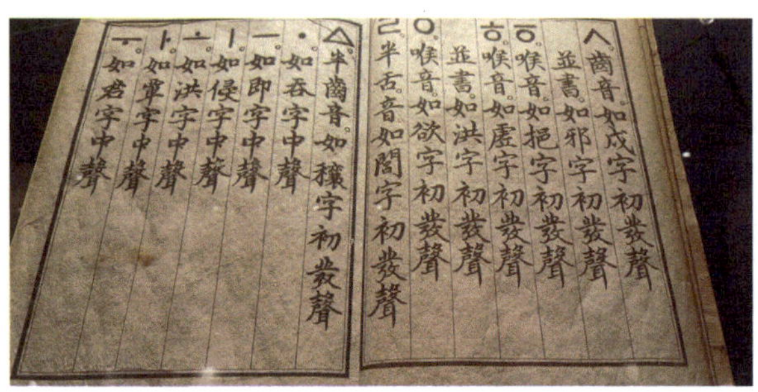

- 훈민정음(訓民正音) : 새로 창제된 훈민정음을 1446년(세종 28) 정인지 등 집현전 학사들이 저술한 한문해설서이다. 해례가 붙어 있어서〈훈민정음 해례본 訓民正音 解例本〉이라고도 하며 예의(例義), 해례(解例), 정인지 서문으로 구성되어 있다. 특히 서문에는 **훈민정음을 만든 이유,** 편찬자, 편년월일, 우수성을 기록하고 있다. 1997년 유네스코 세계기록유산으로 등록되었다.

■ 훈민정음(訓民正音)을 만든 이유

- 훈민정음은 백성을 가르치는 바른 소리 -

훈민정음 서문에 나오는 '나랏말쏨이 중국과 달라 한자와 서로 통하지 않는다.' 는 말은 풍속과 기질이 달라 성음(聲音)이 서로 같지 않게 된다는 것이다.

"이런 이유로 어리석은 백성이 말하고 싶은 것이 있어도 마침내 제 뜻을 표현하지 못하는 사람이 많다. 이를 불쌍히 여겨 새로 28자를 만들었으니 사람마다 쉽게 익혀 씀에 편하게 할 뿐이다."

지혜로운 사람은 아침나절이 되기 전에 이해하고 어리석은 사람도 열흘이면 배울 수 있는 훈민정음은 바람소리, 학의 울음이나 닭 울음소리, 개 짖는 소리까지 모두 표현해 쓸 수 있어 지구상의 모든 문자 가운데 가장 창의적이고 과학적이라는 찬사를 받는 문자이다.

-세종 28년-

■ 세종대왕 약력

- 조선 제4대 왕
- 이름: 이도
- 출생지: 서울(한양)
- 생년월일: 1397년 5월 15일~1450년 2월 17일
- 재위 기간: 1418년 8월~1450년 2월(31년 6개월)

■ Powód stworzenia Hunminjeongeum (Hangul)

- Hunminjeongeum (Hangul) to właściwe dźwięki do nauczania ludu. -

Jak zawarto w przedmowie do dokumentu Hunminjeongeum: "Język Narodowy różni się od języka chińskiego i nie jest tożsamy z zapisem chińskim alfabetem Hanja" ponieważ obyczaje i temperament są inne, to i dźwięki nie są takie same.

Z tego powodu nawet gdy niemądry lud chce ze sobą rozmawiać to w efekcie wiele jest osób które nie potrafią się wyrazić. Z litości do nich stworzyłem 28 znaków, tak aby każdy mógł je łatwo przyswoić i wygodnie z nich korzystać. Hunminjeongeum (Hangul), który mądry człowiek może zrozumieć przed południem, a niemądry człowiek może się go nauczyć w dziesięć dni, pośród wszystkich alfabetów na świecie jest uznawany za najbardziej kreatywny i naukowy ze względu na to, że potrafi oddać wszystkie dźwięki, od szumu wiatru, przez klangor żurawia i pianie koguta, aż po szczekanie psa.

Władca Sejong (28 rok panowania)

■ Król Sejong Wielki - krótki życiorys

- 4. władca dynastii Joseon
- Imię: Lee Do
- Miejsce urodzenia: Seul (Hanyang)
- Lata życia: 15 maja 1397 - 17 lutego 1450
- Lata panowania: sierpień 1418 - luty 1450 (31 lat i 6 miesięcy)

겹자음과 겹모음

Rozdział 3
Podwójne spółgłoski
i podwójne samogłoski

겹자음 [Podwójne spółgłoski]

월 일

겹자음 읽기 [Czytanie podwójnych spółgłosek]

ㄲ	ㄸ	ㅃ	ㅆ	ㅉ
쌍기역 (Ssanggiyeok)	쌍디귿 (Ssangdigeut)	쌍비읍 (Ssangbieup)	쌍시옷 (Ssangsiot)	쌍지읒 (Ssangjieut)

겹자음 쓰기 [Pisanie podwójnych spółgłosek]

ㄲ	ㄸ	ㅃ	ㅆ	ㅉ
쌍기역 (Ssanggiyeok)	쌍디귿 (Ssangdigeut)	쌍비읍 (Ssangbieup)	쌍시옷 (Ssangsiot)	쌍지읒 (Ssangjieut)

겹자음 익히기 [Podwójne spółgłoski – ćwiczenia]

다음 겹자음을 쓰는 순서에 맞게 따라 쓰세요.
(Proszę napisać poniższe podwójne spółgłoski zgodnie z odpowiednią kolejnością)

겹자음 Podwójne spółgłoski	이름 Nazwa	쓰는 순서 Kolejność pisania	영어 표기 Romanizacja	쓰기 Ćwiczenie pisania				
ㄲ	쌍기역	ㄲ	Ssanggiyeok	ㄲ				
ㄸ	쌍디귿	ㄸ	Ssangdigeut	ㄸ				
ㅃ	쌍비읍	ㅃ	Ssangbieup	ㅃ				
ㅆ	쌍시옷	ㅆ	Ssangsiot	ㅆ				
ㅉ	쌍지읒	ㅉ	Ssangjieut	ㅉ				

02 겹모음 [Podwójne samogłoski]

월 일

겹모음 읽기 [Czytanie podwójnych samogłosek]

ㅐ	ㅔ	ㅒ	ㅖ	ㅘ
애(Ae)	에(E)	얘(Yae)	예(Ye)	와(Wa)
ㅙ	ㅚ	ㅝ	ㅞ	ㅟ
왜(Wae)	외(Oe)	워(Wo)	웨(We)	위(Wi)
ㅢ				
의(Ui)				

겹모음 쓰기 [Pisanie podwójnych samogłosek]

ㅐ	ㅔ	ㅒ	ㅖ	ㅘ
애(Ae)	에(E)	얘(Yae)	예(Ye)	와(Wa)
ㅙ	ㅚ	ㅝ	ㅞ	ㅟ
왜(Wae)	외(Oe)	워(Wo)	웨(We)	위(Wi)
ㅢ				
의(Ui)				

겹모음 [Podwójne samogłoski]

월　일

 겹모음 익히기 [Podwójne samogłoski – ćwiczenia]

다음 겹모음을 쓰는 순서에 맞게 따라 쓰세요.
(Proszę napisać poniższe podwójne samogłoski zgodnie z odpowiednią kolejnością.)

겹모음 Podwójne samogłoski	이름 Nazwa	쓰는 순서 Kolejność pisania	영어 표기 Romanizacja	쓰기 Ćwiczenie pisania				
ㅐ	애		Ae	ㅐ				
ㅔ	에		E	ㅔ				
ㅒ	얘		Yae	ㅒ				
ㅖ	예		Ye	ㅖ				
ㅘ	와		Wa	ㅘ				
ㅙ	왜		Wae	ㅙ				
ㅚ	외		Oe	ㅚ				
ㅝ	워		Wo	ㅝ				
ㅞ	웨		We	ㅞ				
ㅟ	위		Wi	ㅟ				
ㅢ	의		Ui	ㅢ				

음절표

Rozdział 4
Tabela sylab

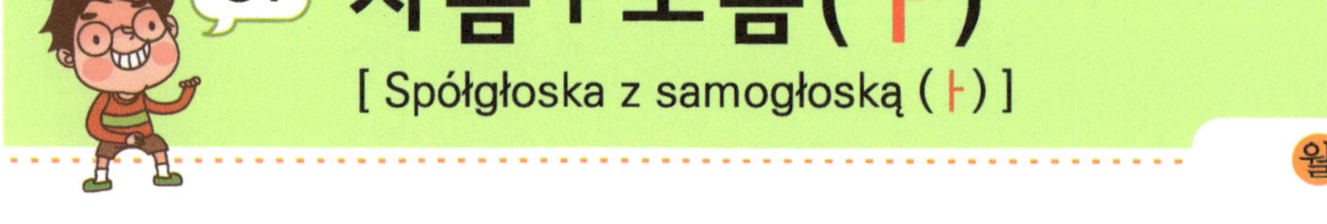

01 자음＋모음(ㅏ)

[Spółgłoska z samogłoską (ㅏ)]

자음＋모음(ㅏ) 읽기 [Czytanie spółgłoski z samogłoską (ㅏ)]

가	나	다	라	마
Ga	Na	Da	Ra	Ma
바	사	아	자	차
Ba	Sa	A	Ja	Cha
카	타	파	하	
Ka	Ta	Pa	Ha	

자음＋모음(ㅏ) 쓰기 [Pisanie spółgłoski z samogłoską (ㅏ)]

가	나	다	라	마
Ga	Na	Da	Ra	Ma
바	사	아	자	차
Ba	Sa	A	Ja	Cha
카	타	파	하	
Ka	Ta	Pa	Ha	

01 자음+모음(ㅏ)
[Spółgłoska z samogłoską (ㅏ)]

자음+모음(ㅏ) 익히기 [Spółgłoska z samogłoską (ㅏ) – ćwiczenia]

다음 자음+모음(ㅏ)을 쓰는 순서에 맞게 따라 쓰세요.

(Proszę napisać poniższe spółgłoski z samogłoską(ㅏ) zgodnie z odpowiednią kolejnością.)

자음+모음(ㅏ) Spółgłoska z samogłoską (ㅏ)	이름 Nazwa	쓰는 순서 Kolejność pisania	영어 표기 Romanizacja	쓰기 Ćwiczenie pisania			
ㄱ+ㅏ	가	가	Ga	가			
ㄴ+ㅏ	나	나	Na	나			
ㄷ+ㅏ	다	다	Da	다			
ㄹ+ㅏ	라	라	Ra	라			
ㅁ+ㅏ	마	마	Ma	마			
ㅂ+ㅏ	바	바	Ba	바			
ㅅ+ㅏ	사	사	Sa	사			
ㅇ+ㅏ	아	아	A	아			
ㅈ+ㅏ	자	자	Ja	자			
ㅊ+ㅏ	차	차	Cha	차			
ㅋ+ㅏ	카	카	Ka	카			
ㅌ+ㅏ	타	타	Ta	타			
ㅍ+ㅏ	파	파	Pa	파			
ㅎ+ㅏ	하	하	Ha	하			

자음＋모음 (ㅓ)

[Spółgłoska z samogłoską (ㅓ)]

월   일

자음＋모음 (ㅓ) 읽기 [Czytanie spółgłoski z samogłoską (ㅓ)]

거	너	더	러	머
Geo	Neo	Deo	Reo	Meo
버	서	어	저	처
Beo	Seo	Eo	Jeo	Cheo
커	터	퍼	허	
Keo	Teo	Peo	Heo	

자음＋모음 (ㅓ) 쓰기 [Pisanie spółgłoski z samogłoską (ㅓ)]

거	너	더	러	머
Geo	Neo	Deo	Reo	Meo
버	서	어	저	처
Beo	Seo	Eo	Jeo	Cheo
커	터	퍼	허	
Keo	Teo	Peo	Heo	

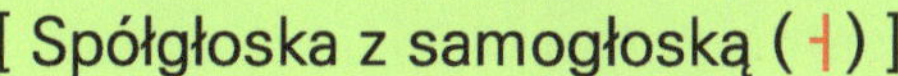

02 자음+모음(ㅓ)

[Spółgłoska z samogłoską (ㅓ)]

월   일

자음+모음(ㅓ) 익히기 [Spółgłoska z samogłoską (ㅓ) – ćwiczenia]

다음 자음+모음(ㅓ)을 쓰는 순서에 맞게 따라 쓰세요.

（ Proszę napisać poniższe spółgłoski z samogłoską(ㅓ) zgodnie z odpowiednią kolejnością. ）

자음+모음(ㅓ) Spółgłoska z samogłoską (ㅓ)	이름 Nazwa	쓰는 순서 Kolejność pisania	영어 표기 Romanizacja	쓰기 Ćwiczenie pisania				
ㄱ+ㅓ	거	거	Geo	거				
ㄴ+ㅓ	너	너	Neo	너				
ㄷ+ㅓ	더	더	Deo	더				
ㄹ+ㅓ	러	러	Reo	러				
ㅁ+ㅓ	머	머	Meo	머				
ㅂ+ㅓ	버	버	Beo	버				
ㅅ+ㅓ	서	서	Seo	서				
ㅇ+ㅓ	어	어	Eo	어				
ㅈ+ㅓ	저	저	Jeo	저				
ㅊ+ㅓ	처	처	Cheo	처				
ㅋ+ㅓ	커	커	Keo	커				
ㅌ+ㅓ	터	터	Teo	터				
ㅍ+ㅓ	퍼	퍼	Peo	퍼				
ㅎ+ㅓ	허	허	Heo	허				

자음+모음(ㅗ)

[Spółgłoska z samogłoską (ㅗ)]

월   일

자음+모음(ㅗ) 읽기 [Czytanie spółgłoski z samogłoską (ㅗ)]

고	노	도	로	모
Go	No	Do	Ro	Mo
보	소	오	조	초
Bo	So	O	Jo	Cho
코	토	포	호	
Ko	To	Po	Ho	

자음+모음(ㅗ) 쓰기 [Pisanie spółgłoski z samogłoską (ㅗ)]

고	노	도	로	모
Go	No	Do	Ro	Mo
보	소	오	조	초
Bo	So	O	Jo	Cho
코	토	포	호	
Ko	To	Po	Ho	

 ● 폴란드어를 사용하는 국민을 위한 기초 한글배우기
Podstawowa nauka języka koreańskiego dla osób mówiących w języku polskim

03 자음+모음(ㅗ)
[Spółgłoska z samogłoską (ㅗ)]

자음+모음(ㅗ) 익히기 [Spółgłoska z samogłoską (ㅗ) – ćwiczenia]

다음 자음+모음(ㅗ)을 쓰는 순서에 맞게 따라 쓰세요.

(Proszę napisać poniższe spółgłoski z samogłoską(ㅗ) zgodnie z odpowiednią kolejnością.)

자음+모음(ㅗ) Spółgłoska z samogłoską (ㅗ)	이름 Nazwa	쓰는 순서 Kolejność pisania	영어 표기 Romanizacja	쓰기 Ćwiczenie pisania				
ㄱ+ㅗ	고	고	Go	고				
ㄴ+ㅗ	노	노	No	노				
ㄷ+ㅗ	도	도	Do	도				
ㄹ+ㅗ	로	로	Ro	로				
ㅁ+ㅗ	모	모	Mo	모				
ㅂ+ㅗ	보	보	Bo	보				
ㅅ+ㅗ	소	소	So	소				
ㅇ+ㅗ	오	오	O	오				
ㅈ+ㅗ	조	조	Jo	조				
ㅊ+ㅗ	초	초	Cho	초				
ㅋ+ㅗ	코	코	Ko	코				
ㅌ+ㅗ	토	토	To	토				
ㅍ+ㅗ	포	포	Po	포				
ㅎ+ㅗ	호	호	Ho	호				

자음＋모음(ㅜ)

[Spółgłoska z samogłoską (ㅜ)]

월   일

자음+모음(ㅜ) 읽기 [Czytanie spółgłoski z samogłoską (ㅜ)]

구	누	두	루	무
Gu	Nu	Du	Ru	Mu
부	수	우	주	추
Bu	Su	U	Ju	Chu
쿠	투	푸	후	
Ku	Tu	Pu	Hu	

자음+모음(ㅜ) 쓰기 [Pisanie spółgłoski z samogłoską (ㅜ)]

구	누	두	루	무
Gu	Nu	Du	Ru	Mu
부	수	우	주	추
Bu	Su	U	Ju	Chu
쿠	투	푸	후	
Ku	Tu	Pu	Hu	

04 자음+모음(ㅜ)

[Spółgłoska z samogłoską (ㅜ)]

월 일

자음+모음(ㅜ) 익히기 [Spółgłoska z samogłoską (ㅜ) – ćwiczenia]

다음 자음+모음(ㅜ)을 쓰는 순서에 맞게 따라 쓰세요.

(Proszę napisać poniższe spółgłoski z samogłoską(ㅜ) zgodnie z odpowiednią kolejnością.)

자음+모음(ㅜ) Spółgłoska z samogłoską (ㅜ)	이름 Nazwa	쓰는 순서 Kolejność pisania	영어 표기 Romanizacja	쓰기 Ćwiczenie pisania			
ㄱ+ㅜ	구	구	Gu	구			
ㄴ+ㅜ	누	누	Nu	누			
ㄷ+ㅜ	두	두	Du	두			
ㄹ+ㅜ	루	루	Ru	루			
ㅁ+ㅜ	무	무	Mu	무			
ㅂ+ㅜ	부	부	Bu	부			
ㅅ+ㅜ	수	수	Su	수			
ㅇ+ㅜ	우	우	U	우			
ㅈ+ㅜ	주	주	Ju	주			
ㅊ+ㅜ	추	추	Chu	추			
ㅋ+ㅜ	쿠	쿠	Ku	쿠			
ㅌ+ㅜ	투	투	Tu	투			
ㅍ+ㅜ	푸	푸	Pu	푸			
ㅎ+ㅜ	후	후	Hu	후			

05 자음＋모음(ㅡ)
[Spółgłoska z samogłoską (ㅡ)]

월   일

자음＋모음(ㅡ) 읽기 [Czytanie spółgłoski z samogłoską (ㅡ)]

ㄱ	ㄴ	ㄷ	ㄹ	ㅁ
Geu	Neu	Deu	Reu	Meu
ㅂ	ㅅ	ㅇ	ㅈ	ㅊ
Beu	Seu	Eu	Jeu	Cheu
ㅋ	ㅌ	ㅍ	ㅎ	
Keu	Teu	Peu	Heu	

자음＋모음(ㅡ) 쓰기 [Pisanie spółgłoski z samogłoską (ㅡ)]

ㄱ	ㄴ	ㄷ	ㄹ	ㅁ
Geu	Neu	Deu	Reu	Meu
ㅂ	ㅅ	ㅇ	ㅈ	ㅊ
Beu	Seu	Eu	Jeu	Cheu
ㅋ	ㅌ	ㅍ	ㅎ	
Keu	Teu	Peu	Heu	

05 자음+모음(ㅡ)

[Spółgłoska z samogłoską (ㅡ)]

자음+모음(ㅡ) 익히기 [Spółgłoska z samogłoską (ㅡ) – ćwiczenia]

다음 자음+모음(ㅡ)을 쓰는 순서에 맞게 따라 쓰세요.

(Proszę napisać poniższe spółgłoski z samogłoską(ㅡ) zgodnie z odpowiednią kolejnością.)

자음+모음(ㅡ) Spółgłoska z samogłoską (ㅡ)	이름 Nazwa	쓰는 순서 Kolejność pisania	영어 표기 Romanizacja	쓰기 Ćwiczenie pisania			
ㄱ+ㅡ	그	그	Geu	그			
ㄴ+ㅡ	느	느	Neu	느			
ㄷ+ㅡ	드	드	Deu	드			
ㄹ+ㅡ	르	르	Reu	르			
ㅁ+ㅡ	므	므	Meu	므			
ㅂ+ㅡ	브	브	Beu	브			
ㅅ+ㅡ	스	스	Seu	스			
ㅇ+ㅡ	으	으	Eu	으			
ㅈ+ㅡ	즈	즈	Jeu	즈			
ㅊ+ㅡ	츠	츠	Cheu	츠			
ㅋ+ㅡ	크	크	Keu	크			
ㅌ+ㅡ	트	트	Teu	트			
ㅍ+ㅡ	프	프	Peu	프			
ㅎ+ㅡ	흐	흐	Heu	흐			

자음+모음(ㅑ)

[Spółgłoska z samogłoską (ㅑ)]

월 일

자음+모음(ㅑ) 읽기 [Czytanie spółgłoski z samogłoską (ㅑ)]

갸	냐	댜	랴	먀
Gya	Nya	Dya	Rya	Mya
뱌	샤	야	쟈	챠
Bya	Sya	Ya	Jya	Chya
캬	탸	퍄	햐	
Kya	Tya	Pya	Hya	

자음+모음(ㅑ) 쓰기 [Pisanie spółgłoski z samogłoską (ㅑ)]

갸	냐	댜	랴	먀
Gya	Nya	Dya	Rya	Mya
뱌	샤	야	쟈	챠
Bya	Sya	Ya	Jya	Chya
캬	탸	퍄	햐	
Kya	Tya	Pya	Hya	

06 자음+모음(ㅑ)

[Spółgłoska z samogłoską (ㅑ)]

월 일

자음+모음(ㅑ) 익히기 [Spółgłoska z samogłoską (ㅑ) – ćwiczenia]

다음 자음+모음(ㅑ)을 쓰는 순서에 맞게 따라 쓰세요.

(Proszę napisać poniższe spółgłoski z samogłoską(ㅑ) zgodnie z odpowiednią kolejnością.)

자음+모음(ㅑ) Spółgłoska z samogłoską (ㅑ)	이름 Nazwa	쓰는 순서 Kolejność pisania	영어 표기 Romanizacja	쓰기 Ćwiczenie pisania					
ㄱ+ㅑ	갸	갸	Gya	갸					
ㄴ+ㅑ	냐	냐	Nya	냐					
ㄷ+ㅑ	댜	댜	Dya	댜					
ㄹ+ㅑ	랴	랴	Rya	랴					
ㅁ+ㅑ	먀	먀	Mya	먀					
ㅂ+ㅑ	뱌	뱌	Bya	뱌					
ㅅ+ㅑ	샤	샤	Sya	샤					
ㅇ+ㅑ	야	야	Ya	야					
ㅈ+ㅑ	쟈	쟈	Jya	쟈					
ㅊ+ㅑ	챠	챠	Chya	챠					
ㅋ+ㅑ	캬	캬	Kya	캬					
ㅌ+ㅑ	탸	탸	Tya	탸					
ㅍ+ㅑ	퍄	퍄	Pya	퍄					
ㅎ+ㅑ	햐	햐	Hya	햐					

07 자음+모음 (ㅕ)
[Spółgłoska z samogłoską (ㅕ)]

자음+모음 (ㅕ) 읽기 [Czytanie spółgłoski z samogłoską (ㅕ)]

겨	녀	뎌	려	며
Gyeo	Nyeo	Dyeo	Ryeo	Myeo
벼	셔	여	져	쳐
Byeo	Syeo	Yeo	Jyeo	Chyeo
켜	텨	펴	혀	
Kya	Tyeo	Pyeo	Hyeo	

자음+모음 (ㅕ) 쓰기 [Pisanie spółgłoski z samogłoską (ㅕ)]

겨	녀	뎌	려	며
Gyeo	Nyeo	Dyeo	Rya	Myeo
벼	셔	여	져	쳐
Byeo	Syeo	Yeo	Jyeo	Chyeo
켜	텨	펴	혀	
Kyeo	Tyeo	Pyeo	Hyeo	

07 자음+모음(ㅕ)

[Spółgłoska z samogłoską (ㅕ)]

자음+모음(ㅕ) 익히기 [Spółgłoska z samogłoską (ㅕ) – ćwiczenia]

다음 자음+모음(ㅕ)을 쓰는 순서에 맞게 따라 쓰세요.

(Proszę napisać poniższe spółgłoski z samogłoską(ㅕ) zgodnie z odpowiednią kolejnością.)

자음+모음(ㅕ) Spółgłoska z samogłoską (ㅕ)	이름 Nazwa	쓰는 순서 Kolejność pisania	영어 표기 Romanizacja	쓰기 Ćwiczenie pisania				
ㄱ+ㅕ	겨		Gyeo	겨				
ㄴ+ㅕ	녀		Nyeo	녀				
ㄷ+ㅕ	뎌		Dyeo	뎌				
ㄹ+ㅕ	려		Ryeo	려				
ㅁ+ㅕ	며		Myeo	며				
ㅂ+ㅕ	벼		Byeo	벼				
ㅅ+ㅕ	셔		Syeo	셔				
ㅇ+ㅕ	여		Yeo	여				
ㅈ+ㅕ	져		Jyeo	져				
ㅊ+ㅕ	쳐		Chyeo	쳐				
ㅋ+ㅕ	켜		Kyeo	켜				
ㅌ+ㅕ	텨		Tyeo	텨				
ㅍ+ㅕ	펴		Pyeo	펴				
ㅎ+ㅕ	혀		Hyeo	혀				

08 자음＋모음 (ㅛ)
[Spółgłoska z samogłoską (ㅛ)]

월   일

자음＋모음 (ㅛ) 읽기 [Czytanie spółgłoski z samogłoską (ㅛ)]

교	뇨	됴	료	묘
Gyo	Nyo	Dyo	Ryo	Myo
뵤	쇼	요	죠	쵸
Byo	Syo	Yo	Jyo	Chyo
쿄	툐	표	효	
Kyo	Tyo	Pyo	Hyo	

자음＋모음 (ㅛ) 쓰기 [Pisanie spółgłoski z samogłoską (ㅛ)]

교	뇨	됴	료	묘
Gyo	Nyo	Dyo	Ryo	Myo
뵤	쇼	요	죠	쵸
Byo	Syo	Yo	Jyo	Chyo
쿄	툐	표	효	
Kyo	Tyo	Pyo	Hyo	

08 자음+모음(ㅛ)

[Spółgłoska z samogłoską (ㅛ)]

월   일

자음+모음(ㅛ) 익히기 [Spółgłoska z samogłoską (ㅛ) – ćwiczenia]

다음 자음+모음(ㅛ)을 쓰는 순서에 맞게 따라 쓰세요.

(Proszę napisać poniższe spółgłoski z samogłoską(ㅛ) zgodnie z odpowiednią kolejnością.)

자음+모음(ㅛ) Spółgłoska z samogłoską (ㅛ)	이름 Nazwa	쓰는 순서 Kolejność pisania	영어 표기 Romanizacja	쓰기 Ćwiczenie pisania			
ㄱ+ㅛ	교		Gyo	교			
ㄴ+ㅛ	뇨		Nyo	뇨			
ㄷ+ㅛ	됴		Dyo	됴			
ㄹ+ㅛ	료		Ryo	료			
ㅁ+ㅛ	묘		Myo	묘			
ㅂ+ㅛ	뵤		Byo	뵤			
ㅅ+ㅛ	쇼		Syo	쇼			
ㅇ+ㅛ	요		Yo	요			
ㅈ+ㅛ	죠		Jyo	죠			
ㅊ+ㅛ	쵸		Chyo	쵸			
ㅋ+ㅛ	쿄		Kyo	쿄			
ㅌ+ㅛ	툐		Tyo	툐			
ㅍ+ㅛ	표		Pyo	표			
ㅎ+ㅛ	효		Hyo	효			

자음+모음(ㅠ)

[Spółgłoska z samogłoską (ㅠ)]

월   일

자음+모음(ㅠ) 읽기 [Czytanie spółgłoski z samogłoską (ㅠ)]

규	뉴	듀	류	뮤
Gyu	Nyu	Dyu	Ryu	Myu
뷰	슈	유	쥬	츄
Byu	Syu	Yu	Jyu	Chyu
큐	튜	퓨	휴	
Kyu	Tyu	Pyu	Hyu	

자음+모음(ㅠ) 쓰기 [Pisanie spółgłoski z samogłoską (ㅠ)]

규	뉴	듀	류	뮤
Gyu	Nyu	Dyu	Ryu	Myu
뷰	슈	유	쥬	츄
Byu	Syu	Yu	Jyu	Chyu
큐	튜	퓨	휴	
Kyu	Tyu	Pyu	Hyu	

자음＋모음(ㅠ)

[Spółgłoska z samogłoską (ㅠ)]

월   일

자음＋모음(ㅠ) 익히기 [Spółgłoska z samogłoską (ㅠ) – ćwiczenia]

다음 자음＋모음(ㅠ)을 쓰는 순서에 맞게 따라 쓰세요.

(Proszę napisać poniższe spółgłoski z samogłoską(ㅠ) zgodnie z odpowiednią kolejnością.)

자음＋모음(ㅠ) Spółgłoska z samogłoską (ㅠ)	이름 Nazwa	쓰는 순서 Kolejność pisania	영어 표기 Romanizacja	쓰기 Ćwiczenie pisania			
ㄱ＋ㅠ	규		Gyu	규			
ㄴ＋ㅠ	뉴		Nyu	뉴			
ㄷ＋ㅠ	듀		Dyu	듀			
ㄹ＋ㅠ	류		Ryu	류			
ㅁ＋ㅠ	뮤		Myu	뮤			
ㅂ＋ㅠ	뷰		Byu	뷰			
ㅅ＋ㅠ	슈		Syu	슈			
ㅇ＋ㅠ	유		Yu	유			
ㅈ＋ㅠ	쥬		Jyu	쥬			
ㅊ＋ㅠ	츄		Chyu	츄			
ㅋ＋ㅠ	큐		Kyu	큐			
ㅌ＋ㅠ	튜		Tyu	튜			
ㅍ＋ㅠ	퓨		Pyu	퓨			
ㅎ＋ㅠ	휴		Hyu	휴			

자음+모음(ㅣ) 읽기 [Czytanie spółgłoski z samogłoską (ㅣ)]

기	니	디	리	미
Gi	Ni	Di	Ri	Mi
비	시	이	지	치
Bi	Si	I	Ji	Chi
키	티	피	히	
Ki	Ti	Pi	Hi	

자음+모음(ㅣ) 쓰기 [Pisanie spółgłoski z samogłoską (ㅣ)]

기	니	디	리	미
Gi	Ni	Di	Ri	Mi
비	시	이	지	치
Bi	Si	I	Ji	Chi
키	티	피	히	
Ki	Ti	Pi	Hi	

10 자음+모음(ㅣ)

[Spółgłoska z samogłoską (ㅣ)]

월 일

자음+모음(ㅣ) 익히기 [Spółgłoska z samogłoską (ㅣ) – ćwiczenia]

다음 자음+모음(ㅣ)을 쓰는 순서에 맞게 따라 쓰세요.

(Proszę napisać poniższe spółgłoski z samogłoską(ㅣ) zgodnie z odpowiednią kolejnością.)

자음+모음(ㅣ) Spółgłoska z samogłoską (ㅣ)	이름 Nazwa	쓰는 순서 Kolejność pisania	영어 표기 Romanizacja	쓰기 Ćwiczenie pisania			
ㄱ+ㅣ	기	키	Gi	기			
ㄴ+ㅣ	니	니	Ni	니			
ㄷ+ㅣ	디	디	Di	디			
ㄹ+ㅣ	리	리	Ri	리			
ㅁ+ㅣ	미	미	Mi	미			
ㅂ+ㅣ	비	비	Bi	비			
ㅅ+ㅣ	시	시	Si	시			
ㅇ+ㅣ	이	이	I	이			
ㅈ+ㅣ	지	지	Ji	지			
ㅊ+ㅣ	치	치	Chi	치			
ㅋ+ㅣ	키	키	Ki	키			
ㅌ+ㅣ	티	티	Ti	티			
ㅍ+ㅣ	피	피	Pi	피			
ㅎ+ㅣ	히	히	Hi	히			

한글 자음과 모음 받침표
[Koreańskie spółgłoski, samogłoski i spółgłoski końcowe]

월　일

※ 참고 : 받침 'ㄱ~ㅎ'(49p~62P)에서 학습할 내용

mp3	받침	가	나	다	라	마	바	사	아	자	차	카	타	파	하
	ㄱ	각	낙	닥	락	막	박	삭	악	작	착	칵	탁	팍	학
	ㄴ	간	난	단	란	만	반	산	안	잔	찬	칸	탄	판	한
	ㄷ	갇	낟	닫	랃	맏	받	삳	앋	잗	찯	칻	탇	팓	핟
	ㄹ	갈	날	달	랄	말	발	살	알	잘	찰	칼	탈	팔	할
	ㅁ	감	남	담	람	맘	밤	삼	암	잠	참	캄	탐	팜	함
	ㅂ	갑	납	답	랍	맙	밥	삽	압	잡	찹	캅	탑	팝	합
	ㅅ	갓	낫	닷	랏	맛	밧	삿	앗	잣	찻	캇	탓	팟	핫
	ㅇ	강	낭	당	랑	망	방	상	앙	장	창	캉	탕	팡	항
	ㅈ	갖	낮	닺	랒	맞	밪	샂	앚	잦	챚	캊	탖	팢	핮
	ㅊ	갗	낯	닻	랓	맟	밫	샃	앛	잧	챛	캋	탗	팣	핯
	ㅋ	갘	낰	닼	랔	맠	밬	샄	앜	잨	챀	캌	탘	팤	핰
	ㅌ	같	낱	닽	랕	맡	밭	샅	앝	잩	챝	캍	탙	팥	핱
	ㅍ	갚	낲	닾	랖	맢	밮	샆	앞	잪	챞	캎	탚	팦	핲
	ㅎ	갛	낳	닿	랗	맣	밯	샇	앟	잫	챟	캏	탛	팧	핳

제5장

자음과 겹모음

Rozdział 5
Spółgłoski
i podwójne samogłoski

국어국립원의 '우리말샘'에 등록되지 않은 글자. 또는 쓰임이 적은 글자를 아래와 같이 수록하니, 학습에 참고하시길 바랍니다.

페이지	'우리말샘'에 등록되지 않은 글자. 또는 쓰임이 적은 글자
42p	뎨(Dye) 볘(Bye) 졔(Jye) 쳬(Chye) 톄(Tye)
43p	돠(Dwa) 롸(Rwa) 뫄(Mwa) 톼(Twa) 퐈(Pwa)
44p	놰(Nwae) 뢔(Rwae) 뫠(Mwae) 쵀(Chwae) 퐤(Pwae)
46p	풔(Pwo)
48p	듸(Dui) 릐(Rui) 믜(Mui) 븨(Bui) 싀(Sui) 즤(Jui) 츼(Chui) 킈(Kui)
51p	랃(Rat) 앋(At) 챧(Chat) 칻(Kat) 탇(Tat) 팓(Pat)
57p	샀(Sat) 캋(Kat) 탗(Tat) 팣(Pat) 핫(Hat)
58p	랓(Rat) 맞(Mat) 밫(Bat) 샃(Sat) 앛(At) 잫(Jat) 챷(Chat) 캋(Chat) 탗(Tat) 팣(Pat) 핫(Hat)
59p	각(Gak) 낙(Nak) 닥(Dak) 락(Rak) 막(Mak) 박(Bak) 삭(Sak) 작(Jak) 착(Chak) 칵(Kak) 팍(Pak) 학(Hak)
60p	닫(Dat) 랃(Rat) 잗(Jat) 찯(Chat) 칻(Kat) 탇(Tat) 핟(Hat)
61p	답(Dap) 맙(Map) 밥(Bap) 찹(Chap) 캅(Kap) 탑(Tap) 팝(Pap) 합(Hap)
62p	밧(Bat) 삿(Sat) 앗(At) 잣(Jat) 찻(Chat) 캇(Kat) 탓(Tat) 팟(Pat) 핫(Hat)

01 자음+겹모음 (ㅐ)
[Spółgłoska z podwójną samogłoską (ㅐ)]

월   일

자음+겹모음 (ㅐ) [Spółgłoska z podwójną samogłoską (ㅐ)]

다음 자음+겹모음(ㅐ)을 쓰는 순서에 맞게 따라 쓰세요.

(Proszę napisać poniższe spółgłoski z podwójną samogłoską(ㅐ) zgodnie z odpowiednią kolejnością)

자음+겹모음(ㅐ) Spółgłoska z podwójną samogłoską (ㅐ)	영어 표기 Romanizacja	쓰기 Ćwiczenie pisania					
ㄱ+ㅐ	Gae	개					
ㄴ+ㅐ	Nae	내					
ㄷ+ㅐ	Dae	대					
ㄹ+ㅐ	Rae	래					
ㅁ+ㅐ	Mae	매					
ㅂ+ㅐ	Bae	배					
ㅅ+ㅐ	Sae	새					
ㅇ+ㅐ	Ae	애					
ㅈ+ㅐ	Jae	재					
ㅊ+ㅐ	Chae	채					
ㅋ+ㅐ	Kae	캐					
ㅌ+ㅐ	Tae	태					
ㅍ+ㅐ	Pae	패					
ㅎ+ㅐ	Hae	해					

O2 자음+겹모음 (ㅔ)
[Spółgłoska z podwójną samogłoską (ㅔ)]

월   일

자음+겹모음 (ㅔ) [Spółgłoska z podwójną samogłoską (ㅔ)]

다음 자음+겹모음(ㅔ)을 쓰는 순서에 맞게 따라 쓰세요.

(Proszę napisać poniższe spółgłoski z podwójną samogłoską(ㅔ) zgodnie z odpowiednią kolejnością)

자음+겹모음(ㅔ) Spółgłoska z podwójną samogłoską (ㅔ)	영어 표기 Romanizacja	쓰기 Ćwiczenie pisania					
ㄱ+ㅔ	Ge	게					
ㄴ+ㅔ	Ne	네					
ㄷ+ㅔ	De	데					
ㄹ+ㅔ	Re	레					
ㅁ+ㅔ	Me	메					
ㅂ+ㅔ	Be	베					
ㅅ+ㅔ	Se	세					
ㅇ+ㅔ	E	에					
ㅈ+ㅔ	Je	제					
ㅊ+ㅔ	Che	체					
ㅋ+ㅔ	Ke	케					
ㅌ+ㅔ	Te	테					
ㅍ+ㅔ	Pe	페					
ㅎ+ㅔ	He	헤					

자음+겹모음(ㅖ)
[Spółgłoska z podwójną samogłoską (ㅖ)]

월   일

자음+겹모음(ㅖ) [Spółgłoska z podwójną samogłoską (ㅖ)]

다음 자음+겹모음(ㅖ)을 쓰는 순서에 맞게 따라 쓰세요.

(Proszę napisać poniższe spółgłoski z podwójną samogłoską(ㅖ) zgodnie z odpowiednią kolejnością)

자음+겹모음(ㅖ) Spółgłoska z podwójną samogłoską (ㅖ)	영어 표기 Romanizacja	쓰기 Ćwiczenie pisania				
ㄱ+ㅖ	Gye	계				
ㄴ+ㅖ	Nye	녜				
ㄷ+ㅖ	Dye	뎨				
ㄹ+ㅖ	Rye	례				
ㅁ+ㅖ	Mye	몌				
ㅂ+ㅖ	Bye	볘				
ㅅ+ㅖ	Sye	셰				
ㅇ+ㅖ	Ye	예				
ㅈ+ㅖ	Jye	졔				
ㅊ+ㅖ	Chye	쳬				
ㅋ+ㅖ	Kye	켸				
ㅌ+ㅖ	Tye	톄				
ㅍ+ㅖ	Pye	폐				
ㅎ+ㅖ	Hye	혜				

자음+겹모음(ㅘ)
[Spółgłoska z podwójną samogłoską (ㅘ)]

월   일

자음+겹모음(ㅘ) [Spółgłoska z podwójną samogłoską (ㅘ)]

다음 자음+겹모음(ㅘ)을 쓰는 순서에 맞게 따라 쓰세요.

(Proszę napisać poniższe spółgłoski z podwójną samogłoską(ㅘ) zgodnie z odpowiednią kolejnością)

자음+겹모음(ㅘ) Spółgłoska z podwójną samogłoską(ㅘ)	영어 표기 Romanizacja	쓰기 Ćwiczenie pisania					
ㄱ+ㅘ	Gwa	과					
ㄴ+ㅘ	Nwa	놔					
ㄷ+ㅘ	Dwa	돠					
ㄹ+ㅘ	Rwa	롸					
ㅁ+ㅘ	Mwa	뫄					
ㅂ+ㅘ	Bwa	봐					
ㅅ+ㅘ	Swa	솨					
ㅇ+ㅘ	Wa	와					
ㅈ+ㅘ	Jwa	좌					
ㅊ+ㅘ	Chwa	촤					
ㅋ+ㅘ	Kwa	콰					
ㅌ+ㅘ	Twa	톼					
ㅍ+ㅘ	Pwa	퐈					
ㅎ+ㅘ	Hwa	화					

O5 자음+겹모음(ㅙ)
[Spółgłoska z podwójną samogłoską (ㅙ)]

월   일

자음+겹모음(ㅙ) [Spółgłoska z podwójną samogłoską (ㅙ)]

다음 자음+겹모음(ㅙ)을 쓰는 순서에 맞게 따라 쓰세요.

(Proszę napisać poniższe spółgłoski z podwójną samogłoską(ㅙ) zgodnie z odpowiednią kolejnością)

자음+겹모음(ㅙ) Spółgłoska z podwójną samogłoską (ㅙ)	영어 표기 Romanizacja	쓰기 Ćwiczenie pisania				
ㄱ+ㅙ	Gwae	괘				
ㄴ+ㅙ	Nwae	놰				
ㄷ+ㅙ	Dwae	돼				
ㄹ+ㅙ	Rwae	뢔				
ㅁ+ㅙ	Mwae	뫠				
ㅂ+ㅙ	Bwae	봬				
ㅅ+ㅙ	Swae	쇄				
ㅇ+ㅙ	Wae	왜				
ㅈ+ㅙ	Jwae	좨				
ㅊ+ㅙ	Chwae	쵀				
ㅋ+ㅙ	Kwae	쾌				
ㅌ+ㅙ	Twae	퇘				
ㅍ+ㅙ	Pwae	퐤				
ㅎ+ㅙ	Hwae	홰				

자음＋겹모음(ㅚ)

[Spółgłoska z podwójną samogłoską (ㅚ)]

월 일

자음＋겹모음(ㅚ) [Spółgłoska z podwójną samogłoską (ㅚ)]

다음 자음＋겹모음(ㅚ)을 쓰는 순서에 맞게 따라 쓰세요.

(Proszę napisać poniższe spółgłoski z podwójną samogłoską(ㅚ) zgodnie z odpowiednią kolejnością)

자음＋겹모음(ㅚ) Spółgłoska z podwójną samogłoską (ㅚ)	영어 표기 Romanizacja	쓰기 Ćwiczenie pisania					
ㄱ＋ㅚ	Goe	괴					
ㄴ＋ㅚ	Noe	뇌					
ㄷ＋ㅚ	Doe	되					
ㄹ＋ㅚ	Roe	뢰					
ㅁ＋ㅚ	Moe	뫼					
ㅂ＋ㅚ	Boe	뵈					
ㅅ＋ㅚ	Soe	쇠					
ㅇ＋ㅚ	Oe	외					
ㅈ＋ㅚ	Joe	죄					
ㅊ＋ㅚ	Choe	최					
ㅋ＋ㅚ	Koe	쾨					
ㅌ＋ㅚ	Toe	퇴					
ㅍ＋ㅚ	Poe	푀					
ㅎ＋ㅚ	Hoe	회					

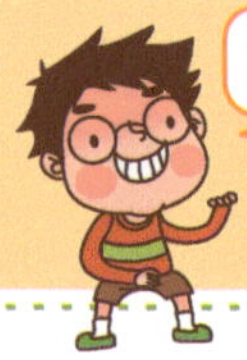

07 자음+겹모음(ㅝ)
[Spółgłoska z podwójną samogłoską (ㅝ)]

월   일

다음 자음+겹모음(ㅝ)을 쓰는 순서에 맞게 따라 쓰세요.

(Proszę napisać poniższe spółgłoski z podwójną samogłoską(ㅝ) zgodnie z odpowiednią kolejnością)

자음+겹모음(ㅝ) Spółgłoska z podwójną samogłoską (ㅝ)	영어 표기 Romanizacja	쓰기 Ćwiczenie pisania				
ㄱ+ㅝ	Gwo	궈				
ㄴ+ㅝ	Nwo	눠				
ㄷ+ㅝ	Dwo	둬				
ㄹ+ㅝ	Rwo	뤄				
ㅁ+ㅝ	Mwo	뭐				
ㅂ+ㅝ	Bwo	붜				
ㅅ+ㅝ	Swo	숴				
ㅇ+ㅝ	Wo	워				
ㅈ+ㅝ	Jwo	줘				
ㅊ+ㅝ	Chwo	춰				
ㅋ+ㅝ	Kwo	쿼				
ㅌ+ㅝ	Two	퉈				
ㅍ+ㅝ	Pwo	풔				
ㅎ+ㅝ	Hwo	훠				

O8 자음+겹모음(ㅟ)
[Spółgłoska z podwójną samogłoską (ㅟ)]

자음+겹모음(ㅟ) [Spółgłoska z podwójną samogłoską (ㅟ)]

다음 자음+겹모음(ㅟ)을 쓰는 순서에 맞게 따라 쓰세요.

(Proszę napisać poniższe spółgłoski z podwójną samogłoską(ㅟ) zgodnie z odpowiednią kolejnością)

자음+겹모음(ㅟ) Spółgłoska z podwójną samogłoską (ㅟ)	영어 표기 Romanizacja	쓰기 Ćwiczenie pisania				
ㄱ+ㅟ	Gwi	귀				
ㄴ+ㅟ	Nwi	뉘				
ㄷ+ㅟ	Dwi	뒤				
ㄹ+ㅟ	Rwi	뤼				
ㅁ+ㅟ	Mwi	뮈				
ㅂ+ㅟ	Bwi	뷔				
ㅅ+ㅟ	Swi	쉬				
ㅇ+ㅟ	Wi	위				
ㅈ+ㅟ	Jwi	쥐				
ㅊ+ㅟ	Chwi	취				
ㅋ+ㅟ	Kwi	퀴				
ㅌ+ㅟ	Twi	튀				
ㅍ+ㅟ	Pwi	퓌				
ㅎ+ㅟ	Hwi	휘				

자음+겹모음(ᅱ)

[Spółgłoska z podwójną samogłoską (ᅱ)]

월   일

자음+겹모음(ᅱ) [Spółgłoska z podwójną samogłoską (ᅱ)]

다음 자음+겹모음(ᅱ)을 쓰는 순서에 맞게 따라 쓰세요.

(Proszę napisać poniższe spółgłoski z podwójną samogłoską(ᅱ) zgodnie z odpowiednią kolejnością)

자음+겹모음(ᅱ) Spółgłoska z podwójną samogłoską (ᅱ)	영어 표기 Romanizacja	쓰기 Ćwiczenie pisania					
ㄱ+ᅱ	Gwi	귀					
ㄴ+ᅱ	Nwi	뉘					
ㄷ+ᅱ	Dwi	뒤					
ㄹ+ᅱ	Rwi	뤼					
ㅁ+ᅱ	Mwi	뮈					
ㅂ+ᅱ	Bwi	뷔					
ㅅ+ᅱ	Swi	쉬					
ㅇ+ᅱ	Wi	위					
ㅈ+ᅱ	Jwi	쥐					
ㅊ+ᅱ	Chwi	취					
ㅋ+ᅱ	Kwi	퀴					
ㅌ+ᅱ	Twi	튀					
ㅍ+ᅱ	Pwi	퓌					
ㅎ+ᅱ	Hwi	휘					

10 받침 ㄱ(기역)이 있는 글자

[Litery zawierające spółgłoskę końcową ㄱ(Gijok)]

월   일

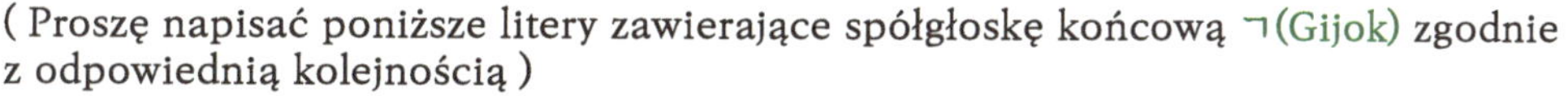

받침 ㄱ(기역) [spółgłoska końcowa ㄱ(Gijok)]

다음 받침 ㄱ(기역)이 들어간 글자를 쓰는 순서에 맞게 따라 쓰세요.

(Proszę napisać poniższe litery zawierające spółgłoskę końcową ㄱ(Gijok) zgodnie
z odpowiednią kolejnością)

받침 ㄱ(기역) spółgłoska końcowa ㄱ (Gijok)	영어 표기 Romanizacja	쓰기 Ćwiczenie pisania					
가+ㄱ	Gak	각					
나+ㄱ	Nak	낙					
다+ㄱ	Dak	닥					
라+ㄱ	Rak	락					
마+ㄱ	Mak	막					
바+ㄱ	Bak	박					
사+ㄱ	Sak	삭					
아+ㄱ	Ak	악					
자+ㄱ	Jak	작					
차+ㄱ	Chak	착					
카+ㄱ	Kak	칵					
타+ㄱ	Tak	탁					
파+ㄱ	Pak	팍					
하+ㄱ	Hak	학					

11 받침 ㄴ(니은)이 있는 글자
[Litery zawierające spółgłoskę końcową ㄴ(Niyn)]

월   일

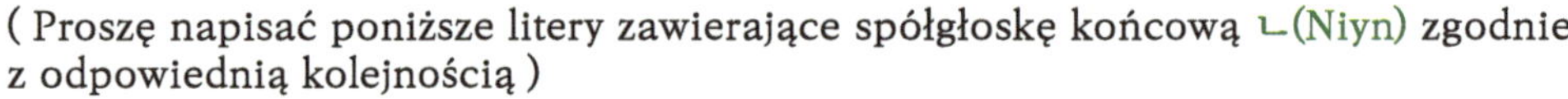

받침 ㄴ(니은) [spółgłoska końcowa ㄴ(Niyn)]

다음 받침 ㄴ(니은)이 들어간 글자를 쓰는 순서에 맞게 따라 쓰세요.

(Proszę napisać poniższe litery zawierające spółgłoskę końcową ㄴ(Niyn) zgodnie z odpowiednią kolejnością)

받침 ㄴ(니은) spółgłoska końcowa ㄴ (Niyn)	영어 표기 Romanizacja	쓰기 Ćwiczenie pisania					
가+ㄴ	Gan	간					
나+ㄴ	Nan	난					
다+ㄴ	Dan	단					
라+ㄴ	Ran	란					
마+ㄴ	Man	만					
바+ㄴ	Ban	반					
사+ㄴ	San	산					
아+ㄴ	An	안					
자+ㄴ	Jan	잔					
차+ㄴ	Chan	찬					
카+ㄴ	Kan	칸					
타+ㄴ	Tan	탄					
파+ㄴ	Pan	판					
하+ㄴ	Han	한					

12 받침 ㄷ(디귿)이 있는 글자

[Litery zawierające spółgłoskę końcową ㄷ(Digyt)]

월 일

받침 ㄷ(디귿) [spółgłoska końcowa ㄷ(Digyt)]

다음 받침 ㄷ(디귿)이 들어간 글자를 쓰는 순서에 맞게 따라 쓰세요.

(Proszę napisać poniższe litery zawierające spółgłoskę końcową ㄷ(Digyt) zgodnie
z odpowiednią kolejnością)

받침 ㄷ(디귿) spółgłoska końcowa ㄷ (Digyt)	영어 표기 Romanizacja	쓰기 Ćwiczenie pisania					
가+ㄷ	Gat	갇					
나+ㄷ	Nat	낟					
다+ㄷ	Dat	닫					
라+ㄷ	Rat	랃					
마+ㄷ	Mat	맏					
바+ㄷ	Bat	받					
사+ㄷ	Sat	삳					
아+ㄷ	At	앋					
자+ㄷ	Jat	잗					
차+ㄷ	Chat	찯					
카+ㄷ	Kat	칸					
타+ㄷ	Tat	탇					
파+ㄷ	Pat	팓					
하+ㄷ	Hat	핟					

받침 ㄹ(리을)이 있는 글자

[Litery zawierające spółgłoskę końcową ㄹ(Riyl)]

월   일

받침 ㄹ(리을) [spółgłoska końcowa ㄹ(Riyl)]

다음 받침 ㄹ(리을)이 들어간 글자를 쓰는 순서에 맞게 따라 쓰세요.

(Proszę napisać poniższe litery zawierające spółgłoskę końcową ㄹ(Riyl) zgodnie z odpowiednią kolejnością)

받침 ㄹ(리을) spółgłoska końcowa ㄹ (Riyl)	영어 표기 Romanizacja	쓰기 Ćwiczenie pisania					
가+ㄹ	Gal	갈					
나+ㄹ	Nal	날					
다+ㄹ	Dal	달					
라+ㄹ	Ral	랄					
마+ㄹ	Mal	말					
바+ㄹ	Bal	발					
사+ㄹ	Sal	살					
아+ㄹ	Al	알					
자+ㄹ	Jal	잘					
차+ㄹ	Chal	찰					
카+ㄹ	Kal	칼					
타+ㄹ	Tal	탈					
파+ㄹ	Pal	팔					
하+ㄹ	Hal	할					

받침 ㅁ(미음)이 있는 글자

[Litery zawierające spółgłoskę końcową ㅁ(Miym)]

월   일

받침 ㅁ(미음) [spółgłoska końcowa ㅁ(Miym)]

다음 받침 ㅁ(미음)이 들어간 글자를 쓰는 순서에 맞게 따라 쓰세요.

(Proszę napisać poniższe litery zawierające spółgłoskę końcową ㅁ(Miym) zgodnie
z odpowiednią kolejnością)

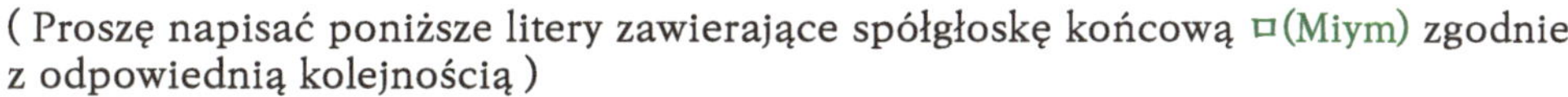

받침 ㅁ(미음) spółgłoska końcowa ㅁ (Miym)	영어 표기 Romanizacja	쓰기 Ćwiczenie pisania				
가+ㅁ	Gam	감				
나+ㅁ	Nam	남				
다+ㅁ	Dam	담				
라+ㅁ	Ram	람				
마+ㅁ	Mam	맘				
바+ㅁ	Bam	밤				
사+ㅁ	Sam	삼				
아+ㅁ	Am	암				
자+ㅁ	Jam	잠				
차+ㅁ	Cham	참				
카+ㅁ	Kam	캄				
타+ㅁ	Tam	탐				
파+ㅁ	Pam	팜				
하+ㅁ	Ham	함				

받침 ㅂ(비읍)이 있는 글자

[Litery zawierające spółgłoskę końcową ㅂ(Biyp)]

월   일

받침 ㅂ(비읍) [spółgłoska końcowa ㅂ(Biyp)]

다음 받침 ㅂ(비읍)이 들어간 글자를 쓰는 순서에 맞게 따라 쓰세요.

(Proszę napisać poniższe litery zawierające spółgłoskę końcową ㅂ(Biyp) zgodnie
z odpowiednią kolejnością)

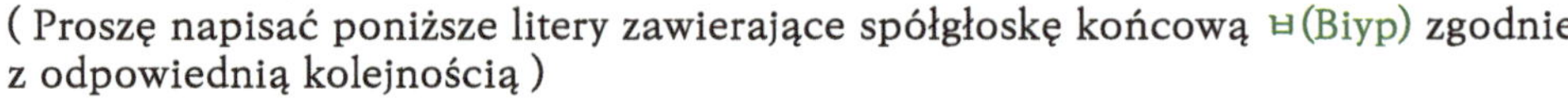

받침 ㅂ(비읍) spółgłoska końcowa ㅂ (Biyp)	영어 표기 Romanizacja	쓰기 Ćwiczenie pisania				
가+ㅂ	Gap	갑				
나+ㅂ	Nap	납				
다+ㅂ	Dap	답				
라+ㅂ	Rap	랍				
마+ㅂ	Map	맙				
바+ㅂ	Bap	밥				
사+ㅂ	Sap	삽				
아+ㅂ	Ap	압				
자+ㅂ	Jap	잡				
차+ㅂ	Chap	찹				
카+ㅂ	Kap	캅				
타+ㅂ	Tap	탑				
파+ㅂ	Pap	팝				
하+ㅂ	Hap	합				

16 받침 ㅅ(시옷)이 있는 글자

[Litery zawierające spółgłoskę końcową ㅅ(Siot)]

월   일

받침 ㅅ(시옷) [spółgłoska końcowa ㅅ(Siot)]

다음 받침 ㅅ(시옷)이 들어간 글자를 쓰는 순서에 맞게 따라 쓰세요.

(Proszę napisać poniższe litery zawierające spółgłoskę końcową ㅅ(Siot) zgodnie z odpowiednią kolejnością)

받침 ㅅ(시옷) spółgłoska końcowa ㅅ(Siot)	영어 표기 Romanizacja	쓰기 Ćwiczenie pisania					
가+ㅅ	Gat	갓					
나+ㅅ	Nat	낫					
다+ㅅ	Dat	닷					
라+ㅅ	Rat	랏					
마+ㅅ	Mat	맛					
바+ㅅ	Bat	밧					
사+ㅅ	Sat	삿					
아+ㅅ	At	앗					
자+ㅅ	Jat	잣					
차+ㅅ	Chat	찻					
카+ㅅ	Kat	캇					
타+ㅅ	Tat	탓					
파+ㅅ	Pat	팟					
하+ㅅ	Hat	핫					

받침 ㅇ(이응)이 있는 글자

[Litery zawierające spółgłoskę końcową ㅇ(Iyng)]

월   일

받침 ㅇ(이응) [spółgłoska końcowa ㅇ(Iyng)]

다음 받침 ㅇ(이응)이 들어간 글자를 쓰는 순서에 맞게 따라 쓰세요.

(Proszę napisać poniższe litery zawierające spółgłoskę końcową ㅇ(Iyng) zgodnie z odpowiednią kolejnością)

받침 ㅇ(이응) spółgłoska końcowa ㅇ(Iyng)	영어 표기 Romanizacja	쓰기 Ćwiczenie pisania					
가+ㅇ	Gang	강					
나+ㅇ	Nang	낭					
다+ㅇ	Dang	당					
라+ㅇ	Rang	랑					
마+ㅇ	Mang	망					
바+ㅇ	Bang	방					
사+ㅇ	Sang	상					
아+ㅇ	Ang	앙					
자+ㅇ	Jang	장					
차+ㅇ	Chang	창					
카+ㅇ	Kang	캉					
타+ㅇ	Tang	탕					
파+ㅇ	Pang	팡					
하+ㅇ	Hang	항					

18 받침 ㅈ(지읓)이 있는 글자

[Litery zawierające spółgłoskę końcową ㅈ(Dziyt)]

월   일

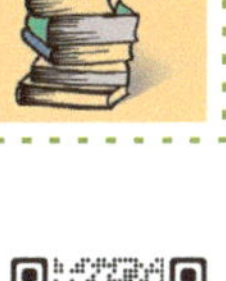

받침 ㅈ(지읓) [spółgłoska końcowa ㅈ(Dziyt)]

다음 받침 ㅈ(지읓)이 들어간 글자를 쓰는 순서에 맞게 따라 쓰세요.

(Proszę napisać poniższe litery zawierające spółgłoskę końcową ㅈ(Dziyt) zgodnie z odpowiednią kolejnością)

받침 ㅈ(지읓) spółgłoska końcowa ㅈ (Dziyt)	영어 표기 Romanizacja	쓰기 Ćwiczenie pisania					
가+ㅈ	Gat	갖					
나+ㅈ	Nat	낮					
다+ㅈ	Dat	닺					
라+ㅈ	Rat	랒					
마+ㅈ	Mat	맞					
바+ㅈ	Bat	밪					
사+ㅈ	Sat	샂					
아+ㅈ	At	앚					
자+ㅈ	Jat	잦					
차+ㅈ	Chat	챚					
카+ㅈ	Kat	캊					
타+ㅈ	Tat	탖					
파+ㅈ	Pat	팢					
하+ㅈ	Hat	핫					

19 받침 ㅊ(치읓)이 있는 글자
[Litery zawierające spółgłoskę końcową ㅊ(Ciyt)]

월 일

받침 ㅊ(치읓) [spółgłoska końcowa ㅊ(Ciyt)]

다음 받침 ㅊ(치읓)이 들어간 글자를 쓰는 순서에 맞게 따라 쓰세요.

(Proszę napisać poniższe litery zawierające spółgłoskę końcową ㅊ(Ciyt) zgodnie z odpowiednią kolejnością)

받침 ㅊ(치읓) spółgłoska końcowa ㅊ(Ciyt)	영어 표기 Romanizacja	쓰기 Ćwiczenie pisania					
가+ㅊ	Gat	갖					
나+ㅊ	Nat	낮					
다+ㅊ	Dat	닺					
라+ㅊ	Rat	랓					
마+ㅊ	Mat	맞					
바+ㅊ	Bat	밫					
사+ㅊ	Sat	샃					
아+ㅊ	At	앚					
자+ㅊ	Jat	잧					
차+ㅊ	Chat	챶					
카+ㅊ	Kat	캋					
타+ㅊ	Tat	탗					
파+ㅊ	Pat	팢					
하+ㅊ	Hat	핫					

20 받침 ㅋ(키읔)이 있는 글자

[Litery zawierające spółgłoskę końcową ㅋ(Kiyk)]

받침 ㅋ(키읔) [spółgłoska końcowa ㅋ(Kiyk)]

다음 받침 ㅋ(키읔)이 들어간 글자를 쓰는 순서에 맞게 따라 쓰세요.

(Proszę napisać poniższe litery zawierające spółgłoskę końcową ㅋ(Kiyk) zgodnie z odpowiednią kolejnością)

받침 ㅋ(키읔) spółgłoska końcowa ㅋ (Kiyk)	영어 표기 Romanizacja	쓰기 Ćwiczenie pisania					
가+ㅋ	Gak	각					
나+ㅋ	Nak	낙					
다+ㅋ	Dak	닥					
라+ㅋ	Rak	락					
마+ㅋ	Mak	막					
바+ㅋ	Bak	박					
사+ㅋ	Sak	삭					
아+ㅋ	Ak	악					
자+ㅋ	Jak	작					
차+ㅋ	Chak	착					
카+ㅋ	Kak	칵					
타+ㅋ	Tak	탁					
파+ㅋ	Pak	팍					
하+ㅋ	Hak	학					

받침 ㅌ(티읕)이 있는 글자

[Litery zawierające spółgłoskę końcową ㅌ(Tiyt)]

월   일

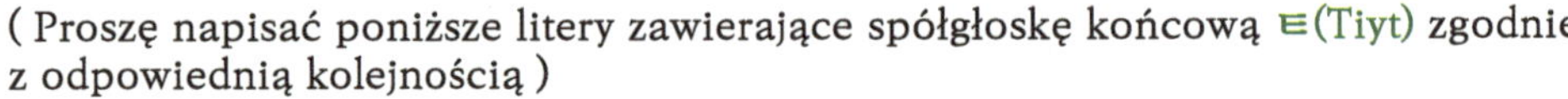

받침 ㅌ(티읕) [spółgłoska końcowa ㅌ(Tiyt)]

다음 받침 ㅌ(티읕)이 들어간 글자를 쓰는 순서에 맞게 따라 쓰세요.

(Proszę napisać poniższe litery zawierające spółgłoskę końcową ㅌ(Tiyt) zgodnie
z odpowiednią kolejnością)

받침 ㅌ(티읕) spółgłoska końcowa ㅌ (Tiyt)	영어 표기 Romanizacja	쓰기 Ćwiczenie pisania					
가+ㅌ	Gat	같					
나+ㅌ	Nat	낱					
다+ㅌ	Dat	닽					
라+ㅌ	Rat	랕					
마+ㅌ	Mat	맡					
바+ㅌ	Bat	밭					
사+ㅌ	Sat	샅					
아+ㅌ	At	앝					
자+ㅌ	Jat	잩					
차+ㅌ	Chat	찯					
카+ㅌ	Kat	캍					
타+ㅌ	Tat	탙					
파+ㅌ	Pat	팥					
하+ㅌ	Hat	핱					

22 받침 ㅍ(피읖)이 있는 글자

[Litery zawierające spółgłoskę końcową ㅍ(Piyp)]

받침 ㅍ(피읖) [spółgłoska końcowa ㅍ(Piyp)]

다음 받침 ㅍ(피읖)이 들어간 글자를 쓰는 순서에 맞게 따라 쓰세요.

(Proszę napisać poniższe litery zawierające spółgłoskę końcową ㅍ(Piyp) zgodnie
z odpowiednią kolejnością)

받침 ㅍ(피읖) spółgłoska końcowa ㅍ (Piyp)	영어 표기 Romanizacja	쓰기 Ćwiczenie pisania					
가+ㅍ	Gap	갚					
나+ㅍ	Nap	낲					
다+ㅍ	Dap	닾					
라+ㅍ	Rap	랖					
마+ㅍ	Map	맢					
바+ㅍ	Bap	밮					
사+ㅍ	Sap	샆					
아+ㅍ	Ap	앞					
자+ㅍ	Jap	잪					
차+ㅍ	Chap	챂					
카+ㅍ	Kap	캎					
타+ㅍ	Tap	탚					
파+ㅍ	Pap	팦					
하+ㅍ	Hap	핲					

받침 ㅎ(히읗)이 있는 글자

[Litery zawierające spółgłoskę końcową ㅎ(Hiyt)]

월   일

받침 ㅎ(히읗) [spółgłoska końcowa ㅎ(Hiyt)]

다음 받침 ㅎ(히읗)이 들어간 글자를 쓰는 순서에 맞게 따라 쓰세요.

(Proszę napisać poniższe litery zawierające spółgłoskę końcową ㅎ(Hiyt) zgodnie
z odpowiednią kolejnością)

받침 ㅎ(히읗) spółgłoska końcowa ㅎ (Hiyt)	영어 표기 Romanizacja	쓰기 Ćwiczenie pisania					
가+ㅎ	Gat	갛					
나+ㅎ	Nat	낳					
다+ㅎ	Dat	닿					
라+ㅎ	Rat	랗					
마+ㅎ	Mat	맣					
바+ㅎ	Bat	밯					
사+ㅎ	Sat	샇					
아+ㅎ	At	앟					
자+ㅎ	Jat	잫					
차+ㅎ	Chat	찷					
카+ㅎ	Kat	캏					
타+ㅎ	Tat	탛					
파+ㅎ	Pat	팧					
하+ㅎ	Hat	핳					

주제별 낱말

Rozdział 6
Słownictwo według
kategorii tematycznej

과일 [Owoce]

월   일

■ 다음을 쓰는 순서에 맞게 따라 쓰세요.
(Proszę napisać zgodnie z odpowiednią kolejnością)

사	과					
배						
바	나	나				
딸	기					
토	마	토				

사과 Jabłko

배 Gruszka

바나나 Banan

딸기 Truskawka

토마토 Pomidor

과일 [Owoce]

■ 다음을 쓰는 순서에 맞게 따라 쓰세요.
(Proszę napisać zgodnie z odpowiednią kolejnością)

수박 Arbuz

수	박				

복숭아 Brzoskwinia

복	숭	아			

오렌지 Pomarańcza

오	렌	지			

귤 Mandarynka

귤					

키위 Kiwi

키	위				

월   일

■ 다음을 쓰는 순서에 맞게 따라 쓰세요.
(Proszę napisać zgodnie z odpowiednią kolejnością)

참	외						

참외 Melon orientalny

파	인	애	플				

파인애플 Ananas

레	몬						

레몬 Cytryna

감							

감 Kaki / Persymona

포	도						

포도 Winogrono

O2

동물 [Zwierzęta]

월 일

■ 다음을 쓰는 순서에 맞게 따라 쓰세요.
(Proszę napisać zgodnie z odpowiednią kolejnością)

타조 Struś

타	조				

호랑이 Tygrys

호	랑	이			

사슴 Jeleń

사	슴				

고양이 Kot

고	양	이			

여우 Lis

여	우				

■ 다음을 쓰는 순서에 맞게 따라 쓰세요.
(Proszę napisać zgodnie z odpowiednią kolejnością)

사자 Lew	사 자
코끼리 Słoń	코 끼 리
돼지 Świnia	돼 지
강아지 Piesek	강 아 지
토끼 Królik / Zając	토 끼

동물 [Zwierzęta]

월   일

■ 다음을 쓰는 순서에 맞게 따라 쓰세요.
(Proszę napisać zgodnie z odpowiednią kolejnością)

기	린				
곰					
원	숭	이			
너	구	리			
거	북	이			

기린 Żyrafa

곰 Niedźwiedź

원숭이 Małpa

너구리 Szop

거북이 Żółw

채소 [Warzywa]

월   일

■ 다음을 쓰는 순서에 맞게 따라 쓰세요.
(Proszę napisać zgodnie z odpowiednią kolejnością)

배추 Kapusta pekińska	배 추
당근 Marchewka	당 근
마늘 Czosnek	마 늘
시금치 Szpinak	시 금 치
미나리 Pietruszka wodna	미 나 리

03 채소 [Warzywa]

■ 다음을 쓰는 순서에 맞게 따라 쓰세요.
(Proszę napisać zgodnie z odpowiednią kolejnością)

무 Rzodkiew

무					

상추 Sałata

상	추				

양파 Cebula

양	파				

부추
Szczypior czosnkowy

부	추				

감자 Ziemniak

감	자				

채소 [Warzywa]

월 일

■ 다음을 쓰는 순서에 맞게 따라 쓰세요.
(Proszę napisać zgodnie z odpowiednią kolejnością)

오이 Ogórek

오	이					

파 Zielona cebulka

파						

가지 Bakłażan

가	지					

고추 Papryczka chili

고	추					

양배추 Kapusta

양	배	추				

 04 **직 업** [Zawody]

월 일

■ 다음을 쓰는 순서에 맞게 따라 쓰세요.
(Proszę napisać zgodnie z odpowiednią kolejnością)

경찰관 Policjant

경	찰	관				

소방관 Strażak

소	방	관				

요리사 Kucharz

요	리	사				

환경미화원
Pracownik oczyszczania miasta

환	경	미	화	원		

화가 Malarz

화	가					

직업 [Zawody]

월 일

■ 다음을 쓰는 순서에 맞게 따라 쓰세요.
(Proszę napisać zgodnie z odpowiednią kolejnością)

간	호	사				

간호사 Pielęgniarka

회	사	원				

회사원
Pracownik biurowy

미	용	사				

미용사 Fryzjer

가	수					

가수 Piosenkarz

소	설	가				

소설가
Powieściopisarz

직업 [Zawody]

월   일

■ 다음을 쓰는 순서에 맞게 따라 쓰세요.
(Proszę napisać zgodnie z odpowiednią kolejnością)

의사 Lekarz

의	사					

선생님 Nauczyciel

선	생	님				

주부
Gospodyni domowa

주	부					

운동선수 Sportowiec

운	동	선	수			

우편집배원 Listonosz

우	편	집	배	원		

월   일

■ 다음을 쓰는 순서에 맞게 따라 쓰세요.
(Proszę napisać zgodnie z odpowiednią kolejnością)

김	치	찌	개			

미	역	국				

김	치	볶	음	밥		

돈	가	스				

국	수					

김치찌개
Kimchi jjigae

미역국 Miyeok-guk

김치볶음밥
Smażony ryż z kimchi

돈가스
Kotlet schabowy

국수 Makaron

위 치 [Lokalizacje]

■ 다음을 쓰는 순서에 맞게 따라 쓰세요.
(Proszę napisać zgodnie z odpowiednią kolejnością)

앞 Przód

앞						

뒤 Tył

뒤						

위 Powyżej

위						

아래 Pod

아	래					

오른쪽 Prawa strona

오	른	쪽				

위 치 [Lokalizacje]

월 일

■ 다음을 쓰는 순서에 맞게 따라 쓰세요.
(Proszę napisać zgodnie z odpowiednią kolejnością)

왼쪽 Lewa strona

왼	쪽					

옆 Obok

옆						

안 Wewnątrz

안						

밖 Na zewnątrz

밖						

밑 Na dole

밑						

위 치 [Lokalizacje]

월 일

■ 다음을 쓰는 순서에 맞게 따라 쓰세요.
(Proszę napisać zgodnie z odpowiednią kolejnością)

사이 Pomiędzy

사	이					

동쪽 Wschód

동	쪽					

서쪽 Zachód

서	쪽					

남쪽 Południe

남	쪽					

북쪽 Północ

북	쪽					

탈것 [Środki transportu]

월   일

■ 다음을 쓰는 순서에 맞게 따라 쓰세요.
(Proszę napisać zgodnie z odpowiednią kolejnością)

버스 Autobus

버	스					

비행기 Samolot

비	행	기				

배 Statek

배						

오토바이 Motocykl

오	토	바	이			

소방차
Samochód straży
pożarnej

소	방	차				

탈 것 [Środki transportu]

월   일

■ 다음을 쓰는 순서에 맞게 따라 쓰세요.
(Proszę napisać zgodnie z odpowiednią kolejnością)

자동차 Samochód

자	동	차			

지하철 Metro

지	하	철			

기차 Pociąg

기	차				

헬리콥터 Śmigłowiec

헬	리	콥	터		

포클레인 Koparka

포	클	레	인		

탈 것 [Środki transportu]

■ 다음을 쓰는 순서에 맞게 따라 쓰세요.
(Proszę napisać zgodnie z odpowiednią kolejnością)

택	시					
자	전	거				
트	럭					
구	급	차				
기	구					

택시 Taksówka

자전거 Rower

트럭 Ciężarówka

구급차 Karetka

기구 Balon

장소 [Miejsca]

■ 다음을 쓰는 순서에 맞게 따라 쓰세요.
(Proszę napisać zgodnie z odpowiednią kolejnością)

집 Dom

학교 Szkoła

백화점
Centrum handlowe

우체국 Poczta

약국 Apteka

집						
학	교					
백	화	점				
우	체	국				
약	국					

08 장소 [Miejsca]

월 일

■ 다음을 쓰는 순서에 맞게 따라 쓰세요.
(Proszę napisać zgodnie z odpowiednią kolejnością)

시장 Targ	시 장
식당 Restauracja	식 당
슈퍼마켓 Supermarket	슈 퍼 마 켓
서점 Księgarnia	서 점
공원 Park	공 원

장소 [Miejsca]

월 일

■ 다음을 쓰는 순서에 맞게 따라 쓰세요.
(Proszę napisać zgodnie z odpowiednią kolejnością)

은행 Bank

은	행					

병원 Szpital

병	원					

문구점
Sklep papierniczy

문	구	점				

미용실
Salon piękności

미	용	실				

극장 Teatr

극	장					

계절, 날씨 [Pory roku, Pogoda]

■ 다음을 쓰는 순서에 맞게 따라 쓰세요.
(Proszę napisać zgodnie z odpowiednią kolejnością)

봄 Wiosna

봄					

여름 Lato

여	름				

가을 Jesień

가	을				

겨울 Zima

겨	울				

맑다 Czyste / Jasne

맑	다				

09 계절, 날씨 [Pory roku, Pogoda]

월 일

■ 다음을 쓰는 순서에 맞게 따라 쓰세요.
(Proszę napisać zgodnie z odpowiednią kolejnością)

흐리다 Zachmurzone

| 흐 | 리 | 다 | | | | |

바람이 분다
Wieje wiatr

| 바 | 람 | 이 | | 분 | 다 | |

비가 온다
Pada deszcz

| 비 | 가 | | 온 | 다 | | |

비가 그친다
Przestaje padać deszcz

| 비 | 가 | | 그 | 친 | 다 | |

눈이 온다
Pada śnieg

| 눈 | 이 | | 온 | 다 | | |

계절, 날씨 [Pory roku, Pogoda]

■ 다음을 쓰는 순서에 맞게 따라 쓰세요.
(Proszę napisać zgodnie z odpowiednią kolejnością)

구름이 낀다 Jest pochmurnie	구 름 이 낀 다
덥다 Gorąco	덥 다
춥다 Zimno	춥 다
따뜻하다 Ciepło	따 뜻 하 다
시원하다 Rześko	시 원 하 다

집 안의 사물 [Rzeczy w domu]

■ 다음을 쓰는 순서에 맞게 따라 쓰세요.
(Proszę napisać zgodnie z odpowiednią kolejnością)

소	파					
욕	조					
거	울					
샤	워	기				
변	기					

소파 Sofa / Kanapa

욕조 Wanna

거울 Lustro

샤워기
Słuchawka prysznicowa

변기
Muszla klozetowa /
Toaleta

집 안의 사물 [Rzeczy w domu]

월 일

■ 다음을 쓰는 순서에 맞게 따라 쓰세요.
(Proszę napisać zgodnie z odpowiednią kolejnością)

싱	크	대				

싱크대 Zlewozmywak

부	엌					

부엌 Kuchnia

거	실					

거실 Salon / Pokój dzienny

안	방					

안방 Sypialnia

옷	장					

옷장 Szafa / Garderoba

집 안의 사물 [Rzeczy w domu]

월 일

■ 다음을 쓰는 순서에 맞게 따라 쓰세요.
(Proszę napisać zgodnie z odpowiednią kolejnością)

화장대 Toaletka

식탁 Stół

책장
Regał na książki

작은방 Mały pokój

침대 Łóżko

화	장	대				
식	탁					
책	장					
작	은	방				
침	대					

가족 명칭 [Nazwy członków rodziny]

월   일

■ 다음을 쓰는 순서에 맞게 따라 쓰세요.
(Proszę napisać zgodnie z odpowiednią kolejnością)

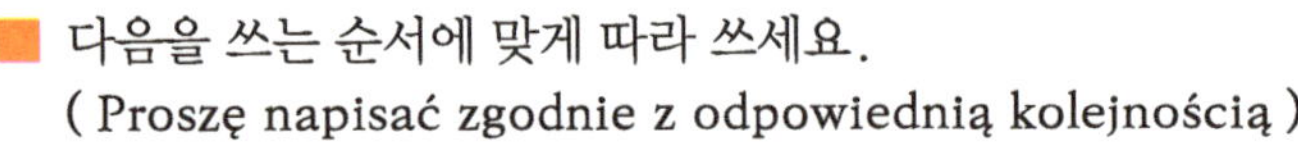

할	머	니			

할머니 Babcia

할	아	버	지		

할아버지 Dziadek

아	버	지			

아버지 Tata / Ojciec

어	머	니			

어머니 Mama / Matka

오	빠				

오빠
(Starszy) Brat (dla kobiety)

가족 명칭 [Nazwy członków rodziny]

월   일

■ 다음을 쓰는 순서에 맞게 따라 쓰세요.
(Proszę napisać zgodnie z odpowiednią kolejnością)

형						
나						
남	동	생				
여	동	생				
언	니					

형
(Starszy) Brat (dla mężczyzny)

나 Ja

남동생 (Młodszy) Brat

여동생 (Młodsza) Siostra

언니
(Starsza) Siostra (dla kobiety)

가족 명칭 [Nazwy członków rodziny]

월　일

■ 다음을 쓰는 순서에 맞게 따라 쓰세요.
(Proszę napisać zgodnie z odpowiednią kolejnością)

누	나					
삼	촌					
고	모					
이	모					
이	모	부				

누나
(Starsza) Siostra (dla mężczyzny)

삼촌 Wujek

고모
Ciocia (siostra ojca)

이모
Ciocia (siostra matki)

이모부
Wujek
(mąż cioci od strony mamy)

12 학용품 [Przybory szkolne]

월   일

■ 다음을 쓰는 순서에 맞게 따라 쓰세요.
(Proszę napisać zgodnie z odpowiednią kolejnością)

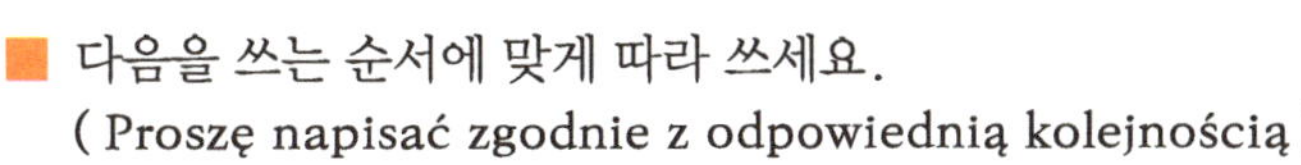

공책 Zeszyt

스케치북 Szkicownik

색연필 Kredki

가위 Nożyczki

풀 Klej

공	책					
스	케	치	북			
색	연	필				
가	위					
풀						

학용품 [Przybory szkolne]

월   일

■ 다음을 쓰는 순서에 맞게 따라 쓰세요.
(Proszę napisać zgodnie z odpowiednią kolejnością)

일	기	장				
연	필					
칼						
물	감					
자						

일기장
Pamiętnik / Dziennik

연필 Ołówek

칼 Nóż

물감 Farby

자 Linijka

학용품 [Przybory szkolne]

월   일

■ 다음을 쓰는 순서에 맞게 따라 쓰세요.
(Proszę napisać zgodnie z odpowiednią kolejnością)

색종이
Papier kolorowy

사인펜
Marker / Długopis

크레파스
Kredki / Pastele

붓 Pędzelek

지우개 Gumka

색	종	이			
사	인	펜			
크	레	파	스		
붓					
지	우	개			

꽃 [Kwiaty]

월 일

■ 다음을 쓰는 순서에 맞게 따라 쓰세요.
(Proszę napisać zgodnie z odpowiednią kolejnością)

장	미				
진	달	래			
민	들	레			
나	팔	꽃			
맨	드	라	미		

장미 Róża

진달래
Różanecznik / Azalia

민들레 Mniszek

나팔꽃
Wilec wielkokwiatowy

맨드라미
Celozja grzebieniasta

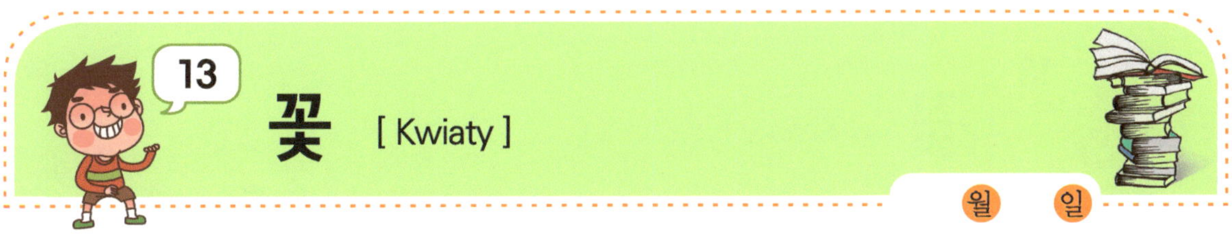

■ 다음을 쓰는 순서에 맞게 따라 쓰세요.
(Proszę napisać zgodnie z odpowiednią kolejnością)

개나리 Forsycja

개	나	리			

벚꽃 Kwiat wiśni

벚	꽃				

채송화
Portulaka wielkokwiatowa

채	송	화			

국화
Złocień / Chryzantema

국	화				

무궁화
Ketmia syryjska

무	궁	화			

꽃 [Kwiaty]

월   일

■ 다음을 쓰는 순서에 맞게 따라 쓰세요.
(Proszę napisać zgodnie z odpowiednią kolejnością)

튤립 Tulipan

튤	립					

봉숭아
Niecierpek balsamina

봉	숭	아				

해바라기 Słonecznik

해	바	라	기			

카네이션 Goździk

카	네	이	션			

코스모스 Kosmos

코	스	모	스			

14 나라 이름 [Nazwy Krajów]

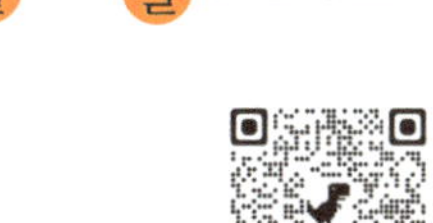

■ 다음을 쓰는 순서에 맞게 따라 쓰세요.
(Proszę napisać zgodnie z odpowiednią kolejnością)

한국
Korea Południowa

한	국				

필리핀 Filipiny

필	리	핀			

일본 Japonia

일	본				

캄보디아 Kambodża

캄	보	디	아		

아프가니스탄
Afganistan

아	프	가	니	스	탄

나라 이름 [Nazwy Krajów]

월 일

■ 다음을 쓰는 순서에 맞게 따라 쓰세요.
(Proszę napisać zgodnie z odpowiednią kolejnością)

중국 Chiny	중 국
태국 Tajlandia	태 국
베트남 Wietnam	베 트 남
인도 Indie	인 도
영국 Wielka Brytania	영 국

나라 이름 [Nazwy Krajów]

월　일

■ 다음을 쓰는 순서에 맞게 따라 쓰세요.
(Proszę napisać zgodnie z odpowiednią kolejnością)

미국
Stany Zjednoczone

미	국					

몽골 Mongolia

몽	골					

우즈베키스탄
Uzbekistan

우	즈	베	키	스	탄	

러시아 Rosja

러	시	아				

캐나다 Kanada

캐	나	다				

악기 [Instrumenty muzyczne]

월   일

■ 다음을 쓰는 순서에 맞게 따라 쓰세요.
(Proszę napisać zgodnie z odpowiednią kolejnością)

기 타 Gitara	기 타
북 Bęben	북
트라이앵글 Trójkąt (muzyczny)	트 라 이 앵 글
하모니카 Harmonijka	하 모 니 카
징 Jing	징

악기 [Instrumenty muzyczne]

■ 다음을 쓰는 순서에 맞게 따라 쓰세요.
(Proszę napisać zgodnie z odpowiednią kolejnością)

피아노
Pianino / Fortepian

피	아	노				

탬버린 Tamburyn

탬	버	린				

나팔 Trąbka

나	팔					

장구 Bęben janggu

장	구					

소고 Bębenek sogo

소	고					

악기 [Instrumenty muzyczne]

월   일

■ 다음을 쓰는 순서에 맞게 따라 쓰세요.
(Proszę napisać zgodnie z odpowiednią kolejnością)

피리 Flet

실로폰 Ksylofon

바이올린 Skrzypce

꽹과리 Gong

가야금 Gayageum

피 리		
실 로 폰		
바 이 올 린		
꽹 과 리		
가 야 금		

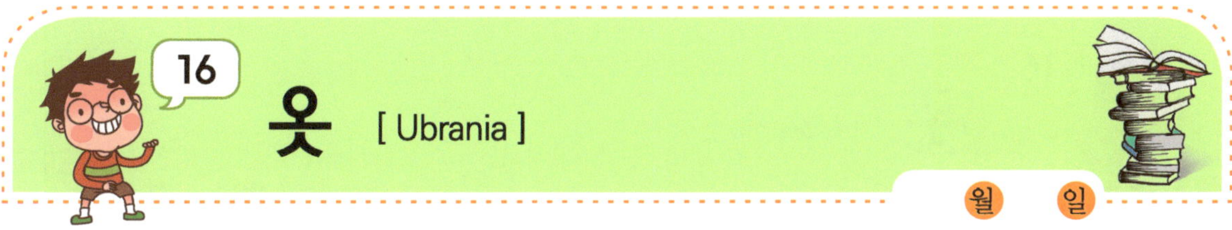

■ 다음을 쓰는 순서에 맞게 따라 쓰세요.
(Proszę napisać zgodnie z odpowiednią kolejnością)

티셔츠
T-shirt / Koszulka

티	셔	츠				

바지 Spodnie

바	지					

점퍼 Kurtka

점	퍼					

정장 Strój formalny

정	장					

와이셔츠
Biała koszula

와	이	셔	츠			

옷 [Ubrania]

월   일

■ 다음을 쓰는 순서에 맞게 따라 쓰세요.
(Proszę napisać zgodnie z odpowiednią kolejnością)

반	바	지				
코	트					
교	복					
블	라	우	스			
청	바	지				

반바지
Krótkie spodenki

코트 Płaszcz

교복
Mundurek szkolny

블라우스 Bluzka

청바지 Jeansy

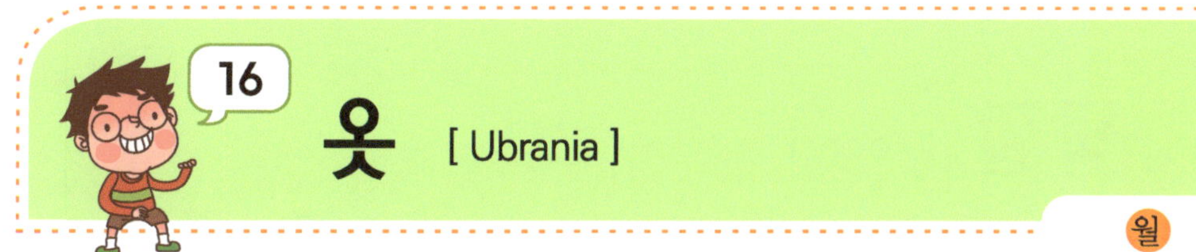

16 옷 [Ubrania]

■ 다음을 쓰는 순서에 맞게 따라 쓰세요.
(Proszę napisać zgodnie z odpowiednią kolejnością)

양복 Garnitur

양	복					

작업복
Ubranie robocze

작	업	복				

스웨터 Sweter

스	웨	터				

치마 Spódnica

치	마					

한복 Hanbok

한	복					

17

색깔 [Kolory]

월   일

■ 다음을 쓰는 순서에 맞게 따라 쓰세요.
(Proszę napisać zgodnie z odpowiednią kolejnością)

빨	간	색				
주	황	색				
초	록	색				
노	란	색				
파	란	색				

빨간색 Czerwony

주황색 Pomarańczowy

초록색 Zielony

노란색 Żółty

파란색 Niebieski

색깔 [Kolory]

월   일

■ 다음을 쓰는 순서에 맞게 따라 쓰세요.
(Proszę napisać zgodnie z odpowiednią kolejnością)

보라색 Fioletowy

보	라	색			

분홍색 Różowy

분	홍	색			

하늘색 Błękitny

하	늘	색			

갈색 Brązowy

갈	색				

검은색 Czarny

검	은	색			

 **18**

취미 [Hobby / Zainteresowania]

월 　 일

■ 다음을 쓰는 순서에 맞게 따라 쓰세요.
(Proszę napisać zgodnie z odpowiednią kolejnością)

요리 Gotowanie

요	리					

노래 Śpiewanie

노	래					

등산
Wspinaczka górska

등	산					

영화감상
Oglądanie filmów

영	화	감	상			

낚시 Wędkarstwo

낚	시					

취미 [Hobby / Zainteresowania]

월   일

■ 다음을 쓰는 순서에 맞게 따라 쓰세요.
(Proszę napisać zgodnie z odpowiednią kolejnością)

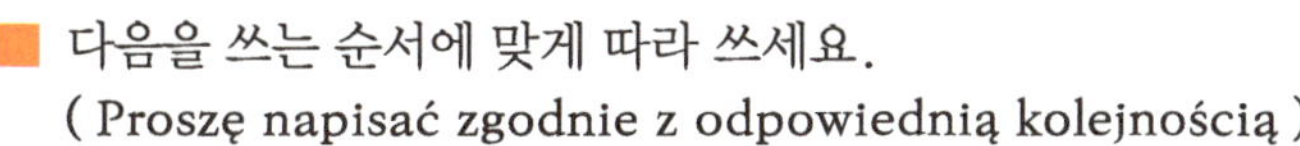

음악감상
Słuchanie muzyki

| 음 | 악 | 감 | 상 | | | |

게임 Gry

| 게 | 임 | | | | | |

드라이브
Jazda samochodem

| 드 | 라 | 이 | 브 | | | |

여행 Podróże

| 여 | 행 | | | | | |

독서 Czytelnictwo

| 독 | 서 | | | | | |

18 취미 [Hobby / Zainteresowania]

월 일

■ 다음을 쓰는 순서에 맞게 따라 쓰세요.
(Proszę napisać zgodnie z odpowiednią kolejnością)

쇼	핑					
운	동					
수	영					
사	진	촬	영			
악	기	연	주			

쇼핑 Zakupy

운동
Ćwiczenia / Sport

수영 Pływanie

사진촬영
Fotografia / Robienie zdjęć

악기연주
Gra na instrumentach muzycznych

운동 [Sport]

월   일

■ 다음을 쓰는 순서에 맞게 따라 쓰세요.
(Proszę napisać zgodnie z odpowiednią kolejnością)

야	구				
배	구				
축	구				
탁	구				
농	구				

야구 Baseball

배구 Siatkówka

축구 Piłka nożna

탁구 Tenis stołowy

농구 Koszykówka

운동 [Sport]

■ 다음을 쓰는 순서에 맞게 따라 쓰세요.
(Proszę napisać zgodnie z odpowiednią kolejnością)

골	프					

골프 Golf

스	키					

스키
Jazda na nartach

수	영					

수영 Pływanie

권	투					

권투 Boks

씨	름					

씨름
Koreański zapasy
(Ssireum)

19 운동 [Sport]

■ 다음을 쓰는 순서에 맞게 따라 쓰세요.
(Proszę napisać zgodnie z odpowiednią kolejnością)

테니스 Tenis

| 테 | 니 | 스 | | | |

레슬링 Zapasy

| 레 | 슬 | 링 | | | |

태권도 Taekwondo

| 태 | 권 | 도 | | | |

배드민턴 Badminton

| 배 | 드 | 민 | 턴 | | |

스케이트 Łyżwiarstwo

| 스 | 케 | 이 | 트 | | |

월 　 일

■ 다음을 쓰는 순서에 맞게 따라 쓰세요.
(Proszę napisać zgodnie z odpowiednią kolejnością)

가	다				

가다 Iść

오	다				

오다 Przyjść

먹	다				

먹다 Jeść

사	다				

사다 Kupować

읽	다				

읽다 Czytać

움직임 말 (1)
[Wyrażenia związane z ruchem część 1]

월   일

■ 다음을 쓰는 순서에 맞게 따라 쓰세요.
(Proszę napisać zgodnie z odpowiednią kolejnością)

씻다 Myć

씻	다				

자다 Spać

자	다				

보다 Zobaczyć / Widzieć

보	다				

일하다 Pracować

일	하	다			

만나다 Spotykać

만	나	다			

움직임 말 (1)

[Wyrażenia związane z ruchem część 1]

월 　 일

■ 다음을 쓰는 순서에 맞게 따라 쓰세요.
(Proszę napisać zgodnie z odpowiednią kolejnością)

마	시	다			

마시다 Pić

빨	래	하	다		

빨래하다
Robić pranie

청	소	하	다		

청소하다 Sprzątać

요	리	하	다		

요리하다 Gotować

공	부	하	다		

공부하다 Uczyć się

 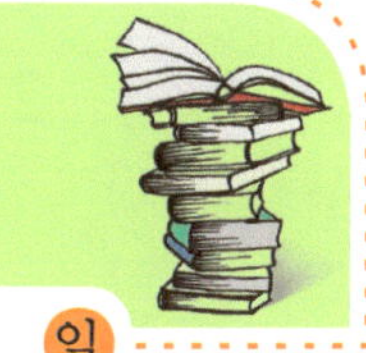

움직임 말 (2)

[Wyrażenia związane z ruchem część 2]

월   일

■ 다음을 쓰는 순서에 맞게 따라 쓰세요.
(Proszę napisać zgodnie z odpowiednią kolejnością)

공	을		차	다		
이	를		닦	다		
목	욕	을		하	다	
세	수	를		하	다	
등	산	을		하	다	

공을 차다
Kopać piłkę

이를 닦다
Szczotkować zęby

목욕을 하다
Brać kąpiel

세수를 하다
Myć twarz

등산을 하다
Chodzić po górach

월　일

■ 다음을 쓰는 순서에 맞게 따라 쓰세요.
(Proszę napisać zgodnie z odpowiednią kolejnością)

머	리	를		감	다		
영	화	를		보	다		
공	원	에		가	다		
여	행	을		하	다		
산	책	을		하	다		

머리를 감다
Myć włosy

영화를 보다
Oglądać film

공원에 가다
Iść do parku

여행을 하다
Podróżować

산책을 하다
Iść na spacer

움직임 말 (2)
[Wyrażenia związane z ruchem część 2]

월   일

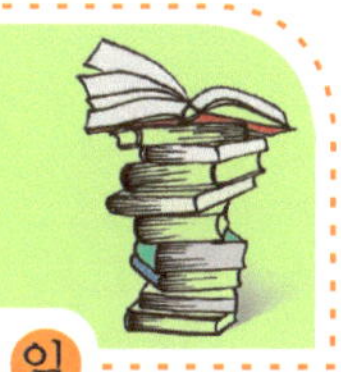

■ 다음을 쓰는 순서에 맞게 따라 쓰세요.
(Proszę napisać zgodnie z odpowiednią kolejnością)

수	영	을		하	다
쇼	핑	을		하	다
사	진	을		찍	다
샤	워	를		하	다
이	야	기	를	하	다

수영을 하다
Pływać

쇼핑을 하다
Robić zakupy

사진을 찍다
Robić zdjęcie

샤워를 하다
Brać prysznic

이야기를 하다
Opowiadać historię

움직임 말 (3)
[Wyrażenia związane z ruchem część 3]

월   일

■ 다음을 쓰는 순서에 맞게 따라 쓰세요.
(Proszę napisać zgodnie z odpowiednią kolejnością)

놀 다					
자 다					
쉬 다					
쓰 다					
듣 다					

놀다 Bawić się

자다 Spać

쉬다 Odpoczywać

쓰다 Pisać

듣다 Słuchać

움직임 말 (3)

[Wyrażenia związane z ruchem część 3]

월　일

■ 다음을 쓰는 순서에 맞게 따라 쓰세요.
(Proszę napisać zgodnie z odpowiednią kolejnością)

닫	다					

닫다 Zamykać

켜	다					

켜다 Włączać

서	다					

서다 Stać

앉	다					

앉다 Siedzieć

끄	다					

끄다 Wyłączać

■ 다음을 쓰는 순서에 맞게 따라 쓰세요.
(Proszę napisać zgodnie z odpowiednią kolejnością)

열다 Otwierać

나오다 Pojawiać się

배우다 Uczyć się

들어가다 Wchodzić

가르치다
Uczyć (kogoś)

움직임 말 (3)

[Wyrażenia związane z ruchem część 3]

월 일

■ 다음을 쓰는 순서에 맞게 따라 쓰세요.
(Proszę napisać zgodnie z odpowiednią kolejnością)

부르다 Śpiewać

부 르 다

달리다 Biegać

달 리 다

기다 Czołgać się

기 다

날다 Latać

날 다

긁다 Drapać

긁 다

■ 다음을 쓰는 순서에 맞게 따라 쓰세요.
(Proszę napisać zgodnie z odpowiednią kolejnością)

찍다 Zrobić (zdjęcie)

찍	다				

벌리다
Rozszerzyć / Rozłożyć

벌	리	다			

키우다
Hodować / Uprawiać

키	우	다			

갈다 Zmieniać

갈	다				

닦다 Wycierać

닦	다				

세는 말 (단위)
[Wyrażenia związane z liczeniem (Jednostki miary)]

월　일

■ 다음을 쓰는 순서에 맞게 따라 쓰세요.
(Proszę napisać zgodnie z odpowiednią kolejnością)

개 Ilość (przedmioty)

개						

대 Ilość (pojazdów)

대						

척 Ilość (statków)

척						

송이 Grono / Pęk

송이					

그루
Ilość (roślin/drzew)

그루					

세는 말 (단위)
[Wyrażenia związane z liczeniem (Jednostki miary)]

 월  일

■ 다음을 쓰는 순서에 맞게 따라 쓰세요.
(Proszę napisać zgodnie z odpowiednią kolejnością)

상자 Pudełko

봉지 Torba / Torebka

장 Kartka

병 Butelka

자루
Ilość (podłużnych przedmiotów)

상	자						
봉	지						
장							
병							
자	루						

세는 말 (단위)
[Wyrażenia związane z liczeniem (Jednostki miary)]

월   일

■ 다음을 쓰는 순서에 맞게 따라 쓰세요.
(Proszę napisać zgodnie z odpowiednią kolejnością)

벌
Ilość (kompletów ubrań)

벌						

켤레 Para (butów)

켤	레					

권
Egzemplarz (książek)

권						

마리 Ilość (zwierząt)

마	리					

잔
Szklanka

잔						

■ 다음을 쓰는 순서에 맞게 따라 쓰세요.
(Proszę napisać zgodnie z odpowiednią kolejnością)

채 Liczba (domów)

채

명 Liczba (ludzi)

명

통 Pojemnik

통

가마 Worek

가 마

첩 Paczka

첩

■ 다음을 쓰는 순서에 맞게 따라 쓰세요.
(Proszę napisać zgodnie z odpowiednią kolejnością)

많	다				

많다 Dużo / Wiele

적	다				

적다 Mało / Niewiele

크	다				

크다 Duży

작	다				

작다 Mały

비	싸	다			

비싸다 Drogi

꾸미는 말 (1)

[Wyrażenia związane z opisywaniem cech część 1]

월   일

■ 다음을 쓰는 순서에 맞게 따라 쓰세요.
(Proszę napisać zgodnie z odpowiednią kolejnością)

싸다 Tani

싸	다			

길다 Długi

길	다			

짧다 Krótki

짧	다			

빠르다 Szybki

빠	르	다		

느리다 Powolny

느	리	다		

월　일

■ 다음을 쓰는 순서에 맞게 따라 쓰세요.
(Proszę napisać zgodnie z odpowiednią kolejnością)

굵다 Gruby

굵	다						

가늘다 Cienki

가	늘	다					

밝다 Jasny

밝	다						

어둡다 Ciemny

어	둡	다					

좋다 Dobry

좋	다						

꾸미는 말 (2)

[Wyrażenia związane z opisywaniem cech część 2]

월   일

■ 다음을 쓰는 순서에 맞게 따라 쓰세요.
(Proszę napisać zgodnie z odpowiednią kolejnością)

맵	다					
시	다					
가	볍	다				
좁	다					
따	뜻	하	다			

맵다 Pikantny

시다 Kwaśny

가볍다 Lekki

좁다 Wąski

따뜻하다 Ciepły

꾸미는 말 (2)

[Wyrażenia związane z opisywaniem cech część 2]

월   일

■ 다음을 쓰는 순서에 맞게 따라 쓰세요.
(Proszę napisać zgodnie z odpowiednią kolejnością)

짜다 Słony

짜	다					

쓰다 Gorzki

쓰	다					

무겁다 Ciężki

무	겁	다				

깊다 Głęboki

깊	다					

차갑다 Zimny

차	갑	다				

■ 다음을 쓰는 순서에 맞게 따라 쓰세요.
(Proszę napisać zgodnie z odpowiednią kolejnością)

달	다				
싱	겁	다			
넓	다				
얕	다				
귀	엽	다			

달다 Słodki

싱겁다
Mdły / Niesłony

넓다 Szeroki

얕다 Płytki

귀엽다 Uroczy

기분을 나타내는 말

[Wyrażenia związane z nastrojem]

■ 다음을 쓰는 순서에 맞게 따라 쓰세요.
(Proszę napisać zgodnie z odpowiednią kolejnością)

기	쁘	다				

기쁘다 Radosny

슬	프	다				

슬프다 Smutny

화	나	다				

화나다 Zły

놀	라	다				

놀라다 Zdziwiony

곤	란	하	다			

곤란하다
Być w trudnej sytuacji

기분을 나타내는 말
[Wyrażenia związane z nastrojem]

월 일

■ 다음을 쓰는 순서에 맞게 따라 쓰세요.
(Proszę napisać zgodnie z odpowiednią kolejnością)

궁금하다
궁금하다
Być ciekawym czegoś

지루하다
지루하다 Znudzony

부끄럽다
부끄럽다
Zawstydzony

피곤하다
피곤하다
Zmęczony

신나다
신나다
Podekscytowany

Podstawowa nauka języka koreańskiego dla osób mówiących w języku polskim

높임말
[Wyrażenia w formie grzecznościowej]

월 일

■ 다음을 쓰는 순서에 맞게 따라 쓰세요.
(Proszę napisać zgodnie z odpowiednią kolejnością)

집							
댁							
밥							
진	지						
병							
병	환						
말							
말	씀						
나	이						
연	세						

집 Dom → 댁 Dom

밥 Jedzenie → 진지 Posiłek

병 Choroba → 병환 Choroba

말 Mowa → 말씀 Mowa

나이 Wiek → 연세 Wiek

높임말

[Wyrażenia w formie grzecznościowej]

월   일

■ 다음을 쓰는 순서에 맞게 따라 쓰세요.
(Proszę napisać zgodnie z odpowiednią kolejnością)

생일 Urodziny →
생신 Urodziny

| 생 | 일 | | | | |
| 생 | 신 | | | | |

있다 Być gdzieś →
계시다 Być gdzieś

| 있 | 다 | | | | |
| 계 | 시 | 다 | | | |

먹다 Jeść →
드시다 Spożywać

| 먹 | 다 | | | | |
| 드 | 시 | 다 | | | |

자다 Spać →
주무시다 Spać

| 자 | 다 | | | | |
| 주 | 무 | 시 | 다 | | |

주다 Dać →
드리다 Podarować

| 주 | 다 | | | | |
| 드 | 리 | 다 | | | |

■ 다음을 쓰는 순서에 맞게 따라 쓰세요.
(Proszę napisać zgodnie z odpowiednią kolejnością)

눈 Oko (단음)   눈 Śnieg (장음)

발 Stopa (단음)   발 Roleta (장음)

밤 Noc (단음)   밤 Kasztan (장음)

차 Samochód (단음)   차 Herbata (단음)

비 Deszcz (단음)   비 Miotła (단음)

눈					
발					
밤					
차					
비					

소리가 같은 말 (1)

[Homonimy część 1]

■ 다음을 쓰는 순서에 맞게 따라 쓰세요.
(Proszę napisać zgodnie z odpowiednią kolejnością)

말 Koń (단음)	말 Mowa (장음)
벌 Kara (단음)	벌 Pszczoła (장음)
상 Stół (단음)	상 Nagroda (단음)
굴 Ostryga (단음)	굴 Jaskinia (장음)
배 Statek (단음)	배 Brzuch (단음)

말

벌

상

굴

배

소리가 같은 말 (1)

[Homonimy część 1]

■ 다음을 쓰는 순서에 맞게 따라 쓰세요.
(Proszę napisać zgodnie z odpowiednią kolejnością)

다리 Mos t (단음)    다리 Noga (단음)

새끼 Młode zwierzę (단음)    새끼 Lina (단음)

돌 Kamień (장음)    돌 Pierwsze urodziny dziecka (단음)

병 Choroba (장음)    병 Butelka (단음)

바람 Wiatr (단음)    바람 Nadzieja (단음)

다	리			
새	끼			
돌				
병				
바	람			

소리가 같은 말 (2)

[Homonimy część 2]

월 일

■ 다음을 쓰는 순서에 맞게 따라 쓰세요.
(Proszę napisać zgodnie z odpowiednią kolejnością)

깨	다				
묻	다				
싸	다				
세	다				
차	다				

깨다 Obudzić się (장음) 깨다 Rozbić coś (단음)

묻다 Zakopać w ziemi (단음) 묻다 Zapytać (장음)

싸다 Tani (단음) 싸다 Sikać (단음)

세다 Liczyć (장음) 세다 Silny (장음)

차다 Zimny (단음) 차다 Pełny (단음)

소리가 같은 말 (2)

[Homonimy część 2]

월   일

■ 다음을 쓰는 순서에 맞게 따라 쓰세요.
(Proszę napisać zgodnie z odpowiednią kolejnością)

맞다 Zgadzać się (단음)

맞다
Zostać uderzonym (단음)

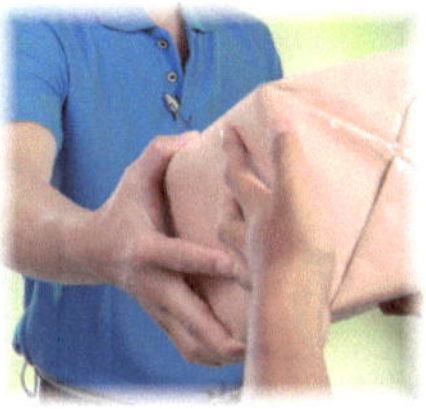

맡다 Otrzymać coś (단음)    맡다 Wąchać (단음)

쓰다 Pisać (단음)    쓰다 Gorzki (단음)

맞	다			
맡	다			
쓰	다			

소리를 흉내 내는 말
[Onomatopeje]

월 　 일

■ 다음을 쓰는 순서에 맞게 따라 쓰세요.
(Proszę napisać zgodnie z odpowiednią kolejnością)

어	흥				
꿀	꿀				
야	옹				
꼬	꼬	댁			
꽥	꽥				

어흥 Grrr

꿀꿀 Chrum chrum

야옹 Miau miau

꼬꼬댁 Kukuryku

꽥꽥 Kwa kwa

소리를 흉내 내는 말

[Onomatopeje]

월   일

■ 다음을 쓰는 순서에 맞게 따라 쓰세요.
(Proszę napisać zgodnie z odpowiednią kolejnością)

붕 Bzzz

붕						

매앰 Cyk cyk cyk

매	앰					

부르릉 Brum brum

부	르	릉				

딩동 Dzyń dzyń

딩	동					

빠빠 Tra-ta-ta

빠	빠					

■ 안녕하세요! K-한글(www.k-hangul.kr)입니다.
'외국인을 위한 기초 한글 배우기' 1호 기초 편에서 다루지 못한 내용을 부록 편에
다음과 같이 **40가지 주제별로** 수록하니, 많은 이용 바랍니다.

■ Dzień dobry! Tu K-hangul (www.k-hangul.kr).
Treści niezawarte w podręczniku "Podstawowa nauka alfabetu Hangul dla obcokrajowców" część
1 Poziom podstawowy – zostały dołączone w Dodatku w formie 40 tematów. Zachęcamy do
licznego korzystania z materiałów.

번호	주제	번호	주제	번호	주제
1	**숫자**(50개) Number(s)	16	**인칭 대명사**(14개) Personal pronouns	31	**물건 사기**(30개) Buying Goods
2	**연도**(15개) Year(s)	17	**지시 대명사**(10개) Demonstrative pronouns	32	**전화하기**(21개) Making a phone call
3	**월**(12개) Month(s)	18	**의문 대명사**(10개) Interrogative pronouns	33	**인터넷**(20개) Words related to the Internet
4	**일**(31개) Day(s)	19	**가족**(24개) Words related to Family	34	**건강**(35개) Words related to health
5	**요일**(10개) Day of a week	20	**국적**(20개) Countries	35	**학교**(51개) Words related to school
6	**년**(20개) Year(s)	21	**인사**(5개) Phrases related to greetings	36	**취미**(28개) Words related to hobby
7	**개월**(12개) Month(s)	22	**작별**(5개) Phrases related to bidding farewell	37	**여행**(35개) Travel
8	**일(간), 주일(간)**(16개) Counting Days	23	**감사**(3개) Phrases related to expressing gratitude	38	**날씨**(27개) Weather
9	**시**(20개) Units of Time(hours)	24	**사과**(7개) Phrases related to making an apology	39	**은행**(25개) Words related to bank
10	**분**(16개) Units of Time(minutes)	25	**요구, 부탁**(5개) Phrases related to asking a favor	40	**우체국**(14개) Words related to post office
11	**시간**(10개) Hour(s)	26	**명령, 지시**(5개) Phrases related to giving instructions		
12	**시간사**(25개) Words related to Time	27	**칭찬, 감탄**(7개) Phrases related to compliment and admiration		
13	**계절**(4개) seasons	28	**환영, 축하, 기원**(10개) Phrases related to welcoming, congratulating and blessing		
14	**방위사**(14개) Words related to directions	29	**식당**(30개) Words related to Restaurant		
15	**양사**(25개) quantifier	30	**교통**(42개) Words related to transportation		

MP3	주제	단어
	1. 숫자	1, 2, 3, 4, 5, / 6, 7, 8, 9, 10, / 11, 12, 13, 14, 15, / 16, 17, 18, 19, 20, / 21, 22, 23, 24, 25, / 26, 27, 28, 29, 30, / 31, 40, 50, 60, 70, / 80, 90, 100, 101, 102, / 110, 120, 130, 150, 천, / 만, 십만, 백만, 천만, 억
	2. 연도	1999년, 2000년, 2005년, 2010년, 2015년, / 2020년, 2023년, 2024년, 2025년, 2026년, / 2030년, 2035년, 2040년, 2045년, 2050년
	3. 월	1월, 2월, 3월, 4월, 5월, / 6월, 7월, 8월, 9월, 10월, / 11월, 12월
	4. 일	1일, 2일, 3일, 4일, 5일, / 6일, 7일, 8일, 9일, 10일, / 11일, 12일, 13일, 14일, 15일, / 16일, 17일, 18일, 19일, 20일, / 21일, 22일, 23일, 24일, 25일, / 26일, 27일, 28일, 29일, 30일, / 31일
	5. 요일	월요일, 화요일, 수요일, 목요일, 금요일, / 토요일, 일요일, 공휴일, 식목일, 현충일
	6. 년	1년, 2년, 3년, 4년, 5년, / 6년, 7년, 8년, 9년, 10년, / 15년, 20년, 30년, 40년, 50년, / 100년, 200년, 500년, 1000년, 2000년
	7. 개월	1개월(한 달), 2개월(두 달), 3개월(석 달), 4개월(네 달), 5개월(다섯 달), / 6개월(여섯 달), 7개월(일곱 달), 8개월(여덟 달), 9개월(아홉 달), 10개월(열 달), / 11개월(열한 달), 12개월(열두 달)
	8. 일(간), 주일(간)	하루(1일), 이틀(2일), 사흘(3일), 나흘(4일), 닷새(5일), / 엿새(6일), 이레(7일), 여드레(8일), 아흐레(9일), 열흘(10일), / 10일(간), 20일(간), 30일(간), 100일(간), 일주일(간), / 이 주일(간)
	9. 시	1시, 2시, 3시, 4시, 5시, / 6시, 7시, 8시, 9시, 10시, / 11시, 12시, 13시(오후 1시), 14시(오후 2시), 15시(오후 3시), / 18시(오후 6시), 20시(오후 8시), 22시(오후 10시), 24시(오후 12시)
	10. 분	1분, 2분, 3분, 4분, 5분, / 10분, 15분, 20분, 25분, 30분(반 시간), / 35분, 40분, 45분, 50분, 55분, / 60분(1시간)

MP3	주제	단어
	11. 시간	반 시간(30분), **1시간**, **1시간 반**(1시간 30분), **2시간**, **3시간**, / **4시간**, **5시간**, **10시간**, **12시간**, **24시간**
	12.시간사	오전, 정오, 오후, 아침, 점심, / 저녁, 지난주, 이번 주, 다음 주, 지난달, / 이번 달, 다음날, 재작년, 작년, 올해, / 내년, 내후년, **그저께**(이틀 전날), **엊그제**(바로 며칠 전), 어제(오늘의 하루 전날), / 오늘, 내일(1일 후), **모레**(2일 후), **글피**(3일 후), **그글피**(4일 후)
	13. 계절	봄(春), **여름**(夏), 가을(秋), 겨울(冬)
	14.방위사	동쪽, 서쪽, 남쪽, 북쪽, 앞쪽, / 뒤쪽, 위쪽, 아래쪽, 안쪽, 바깥쪽, / 오른쪽, 왼쪽, 옆, 중간
	15. 양사	**개**(사용 범위가 가장 넓은 개체 양사), **장**(평면이 있는 사물), **척**(배를 세는 단위), **마리**(날짐승이나 길짐승), **자루**, / **다발**(손에 쥘 수 있는 물건), **권**(서적 류), **개**(물건을 세는 단위), **갈래**, **줄기**(가늘고 긴 모양의 사물이나 굽은 사물), / **건**(사건), **벌**(의복), **쌍**, **짝**, **켤레**, / **병**, **조각**(덩어리, 모양의 물건), **원**(화폐), **대**(각종 차량), **대**(기계, 설비 등), / **근**(무게의 단위), **킬로그램**(힘의 크기, 무게를 나타내는 단위), **번**(일의 차례나 일의 횟수를 세는 단위), **차례**(단순히 반복적으로 발생하는 동작), **식사**(끼)
	16. 인칭 대명사	※ 인칭 대명사 : 사람의 이름을 대신하여 나타내는 대명사. **나, 너, 저, 당신, 우리**, / **저희, 여러분, 너희, 그, 그이**, / **저분, 이분, 그녀, 그들**
	17. 지시 대명사	※ 지시 대명사 : 사물이나 장소의 이름을 대신하여 나타내는 대명사. **이것, 이곳, 저것, 저곳, 저기**, / **그것**(사물이나 대상을 가리킴), **여기, 무엇**(사물의 이름), **거기**(가까운 곳, 이미 이야기한 곳), **어디**(장소의 이름)
	18. 의문 대명사	※ 의문 대명사 : 물음의 대상을 나타내는 대명사. **누구**(사람의 정체), **몇**(수효), **어느**(둘 이상의 것 가운데 대상이 되는 것), **어디**(처소나 방향), **무엇**(사물의 정체), / **언제, 얼마, 어떻게**(어떤 방법, 방식, 모양, 형편, 이유), **어떤가?**, **왜**(무슨 까닭으로, 어떤 사실에 대하여 확인을 요구할 때)
	19. 가족	할아버지, 할머니, 아버지, 어머니, 남편, / 아내, 딸, 아들, 손녀, 손자, / 형제자매, 형, 오빠, 언니, 누나, / 여동생, 남동생, 이모, 이모부, 고모, / 고모부, 사촌, 삼촌, 숙모
	20. 국적	국가, 나라, 한국, 중국, 대만, / 일본, 미국, 영국, 캐나다, 인도네시아, / 독일, 러시아, 이탈리아, 프랑스, 인도, / 태국, 베트남, 캄보디아, 몽골, 라오스

MP3	주제	단어
	21. 인사	안녕하세요!, 안녕하셨어요?, 건강은 어떠세요?, 그에게 안부 전해주세요, 굿모닝!
	22. 작별	건강하세요, 행복하세요, 안녕(서로 만나거나 헤어질 때), 내일 보자, 다음에 보자.
	23. 감사	고마워, 감사합니다, 도와주셔서 감사드립니다.
	24. 사과	미안합니다, 괜찮아요!, 죄송합니다, 정말 죄송합니다, 모두 다 제 잘못입니다, / 오래 기다리셨습니다, 유감이네요.
	25. 요구, 부탁	잠시 기다리세요, 저 좀 도와주세요, 좀 빨리해 주세요, 문 좀 닫아주세요, 술 좀 적게 드세요.
	26. 명령, 지시	일어서라!, 들어오시게, 늦지 말아라, 수업 시간에는 말하지 마라, 금연입니다.
	27. 칭찬, 감탄	정말 잘됐다!, 정말 좋다, 정말 대단하다, 진짜 잘한다!, 정말 멋져!, / 솜씨가 보통이 아니네!, 영어를 잘하는군요. ※ 감탄사의 종류(감정이나 태도를 나타내는 단어) : 아하, 헉, 우와, 아이고, 아차, 앗, 어머, 저런, 여보, 야, 아니요, 네, 예, 그래, 얘 등
	28. 환영,축하, 기원	환영합니다!, 또 오세요, 생일 축하해!, 대입 합격 축하해!, 축하드려요, / 부자 되세요, 행운이 깃드시길 바랍니다, 만사형통하시길 바랍니다, 건강하세요, 새해 복 많이 받으세요!
	29. 식당	음식, 야채, 먹다, 식사 도구, 메뉴판, / 세트 요리, 종업원, 주문하다, 요리를 내오다, 중국요리, / 맛, 달다, 담백하다, 맵다, 새콤달콤하다, / 신선하다, 국, 탕, 냅킨, 컵, / 제일 잘하는 요리, 계산, 잔돈, 포장하다, 치우다, / 건배, 맥주, 술집, 와인, 술에 취하다.
	30. 교통	말씀 좀 묻겠습니다, 길을 묻다, 길을 잃다, 길을 건너가다, 지도, / 부근, 사거리, 갈아타다, 노선, 버스, / 몇 번 버스, 정거장, 줄을 서다, 승차하다, 승객, / 차비, 지하철, 환승하다, 1호선, 좌석, / 출구, 택시, 택시를 타다, 차가 막히다, 차를 세우다, / 우회전, 좌회전, 유턴하다, 기차, 기차표, / 일반 침대석, 일등 침대석, 비행기, 공항, 여권, / 주민등록증, 연착하다, 이륙, 비자, 항공사, / 안전벨트, 현지시간

MP3	주제	단어
	31. 물건 사기	손님, 서비스, 가격, 가격 흥정, 노점, / 돈을 내다, 물건, 바겐세일, 싸다, 비싸다, / 사이즈, 슈퍼마켓, 얼마예요?, 주세요, 적당하다, / 점원, 품질, 백화점, 상표, 유명 브랜드, / 선물, 영수증, 할인, 반품하다, 구매, / 사은품, 카드 결제하다, 유행, 탈의실, 계산대
	32. 전화하기	여보세요, 걸다, (다이얼을)누르다, OO 있나요?, 잘못 걸다, / 공중전화, 휴대전화 번호, 무료 전화, 국제전화, 국가번호, / 지역번호, 보내다, 문자 메시지, 시외전화, 전화받다, / 전화번호, 전화카드, 통화 중, 통화 요금, 휴대전화, / 스마트폰
	33. 인터넷	인터넷, 인터넷에 접속하다, 온라인게임, 와이파이, 전송하다, / 데이터, 동영상, 아이디, 비밀번호, 이메일, / 노트북, 검색하다, 웹사이트, 홈페이지 주소, 인터넷 쇼핑, / 업로드, 다운로드, pc방, 바이러스, 블로그
	34. 건강	병원, 의사, 간호사, 진찰하다, 수술, / 아프다, 환자, 입원, 퇴원, 기침하다, / 열나다, 체온, 설사가 나다, 콧물이 나다, 목이 아프다, / 염증을 일으키다, 건강, 금연하다, 약국, 처방전, / 비타민, 복용하다, 감기, 감기약, 마스크, / 비염, 고혈압, 골절, 두통, 알레르기, / 암, 전염병, 정신병, 혈액형, 주사 놓다
	35. 학교	초등학교, 중학교, 고등학교, 중·고등학교, 대학교, / 교실, 식당, 운동장, 기숙사, 도서관, / 교무실, 학생, 초등학생, 중학생, 고등학생, / 대학생, 유학생, 졸업생, 선생님, 교사, / 교장, 교수, 국어, 수학, 영어, / 과학, 음악, 미술, 체육, 입학하다, / 졸업하다, 학년, 전공, 공부하다, 수업을 시작하다, / 수업을 마치다, 출석을 부르다, 지각하다, 예습하다, 복습하다, / 숙제를 하다, 시험을 치다, 합격하다, 중간고사, 기말고사, / 여름방학, 겨울방학, 성적, 교과서, 칠판, / 분필
	36. 취미	축구 마니아, ㅇㅇ마니아, 여가 시간, 좋아하다, 독서, / 음악 감상, 영화 감상, 텔레비전 시청, 연극 관람, 우표 수집, / 등산, 바둑, 노래 부르기, 춤추기, 여행하기, / 게임하기, 요리, 운동, 야구(하다), 농구(하다), / 축구(하다), 볼링(치다), 배드민턴(치다), 탁구(치다), 스키(타다), / 수영(하다), 스케이팅, 태권도
	37. 여행	여행(하다), 유람(하다), 가이드, 투어, 여행사, / 관광명소, 관광특구, 명승지, 기념품, 무료, / 유료, 할인티켓, 고궁, 경복궁, 남산, / 한국민속촌, 호텔, 여관, 체크인, 체크아웃, / 빈 방, 보증금, 숙박비, 호실, 팁, / 싱글룸, 트윈룸, 스탠더드룸, 1박하다, 카드 키, / 로비, 룸서비스, 식당, 뷔페, 프런트 데스크
	38. 날씨	일기예보, 기온, 최고기온, 최저기온, 온도, / 영상, 영하, 덥다, 따뜻하다, 시원하다, / 춥다, 흐린 날씨, 맑은 날, 비가 오다, 눈이 내리다, / 건조하다, 습하다, 가랑비, 구름이 많이 끼다, 보슬비, / 천둥치다, 번개, 태풍, 폭우, 폭설, / 황사, 장마
	39. 은행	예금하다, 인출하다, 환전하다, 송금하다, 예금주, / 예금통장, 계좌, 계좌번호, 원금, 이자, / 잔여금액, 비밀번호, 현금카드, 현금 인출기, 수수료, / 현금, 한국 화폐, 미국 달러, 외국 화폐, 환율, / 환전소, 신용카드, 대출, 인터넷뱅킹, 폰뱅킹

MP3	주제	단어
	40. 우체국	편지, 편지봉투, 소포, 부치다, 보내는 사람, / 받는 사람, 우편물, 우편번호, 우편요금, 우체통, / 우표, 주소, 항공우편, EMS

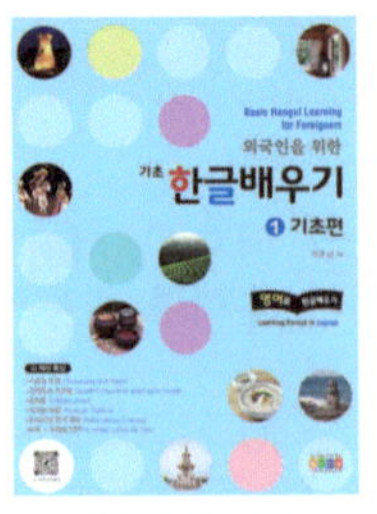

1. 영어로 한글배우기
Learning Korean
in **English**

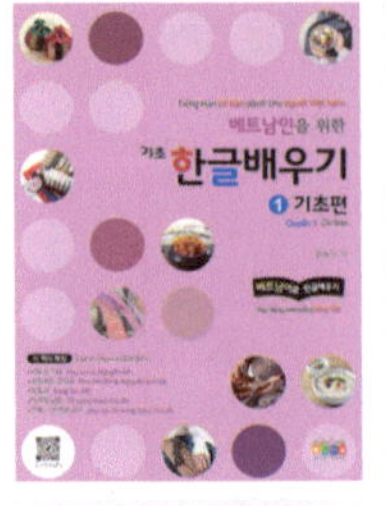

2. 베트남어로 한글배우기
Học tiếng Hàn bằng
tiếng Việt

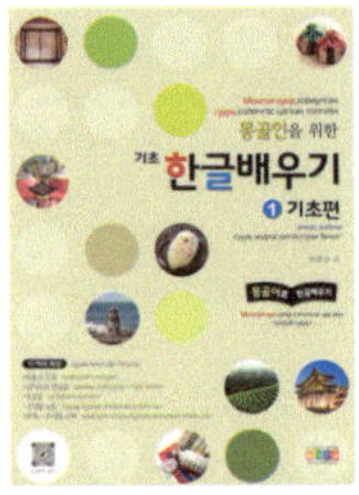

3. 몽골어로 한글배우기
Монгол хэл дээр солонгос
цагаан толгой сурах

4. 일본어로 한글배우기
日本語でハングルを学ぼう

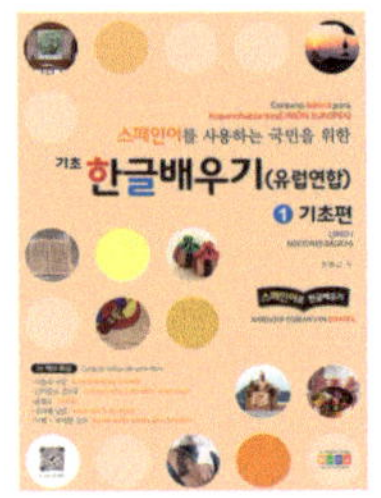

5. 스페인어로 한글배우기(유럽연합)
APRENDER COREANO
EN **ESPAÑOL**

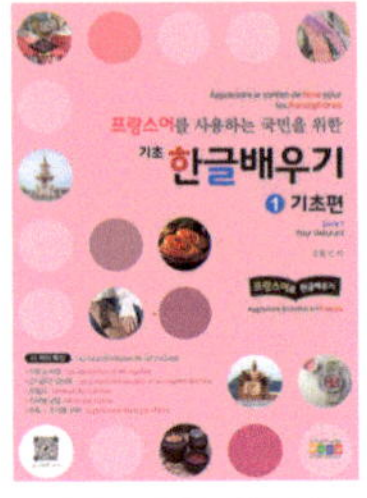

6. 프랑스어로 한글배우기
Apprendre le coréen
en **français**

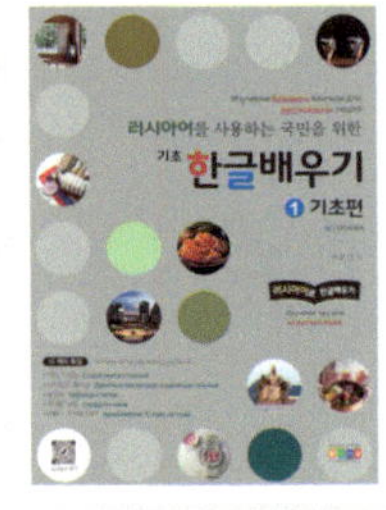

7. 러시아어로 한글배우기
Изучение хангыля
на русском языке

8. 중국어로 한글배우기
用中文学习韩文

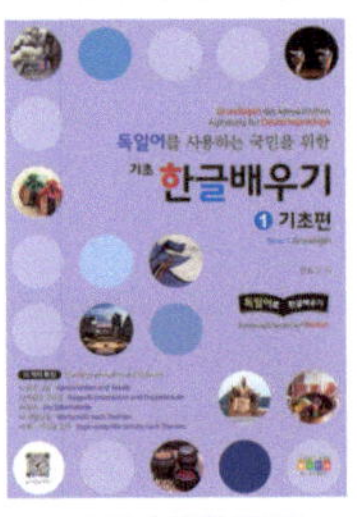

9. 독일어로 한글배우기
Koreanisch lernen
auf **Deutsch**

10. 태국어로 한글배우기
เรียนฮันกึลด้วยภาษาไทย

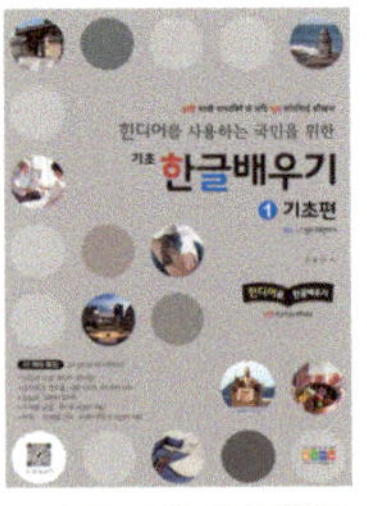

11. 힌디어로 한글배우기
हिंदी में हंगेउल सीखना

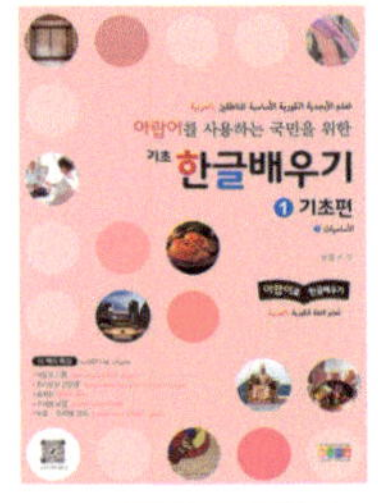

12. 아랍어로 한글배우기
تعلم اللغة الكورية بالعربية

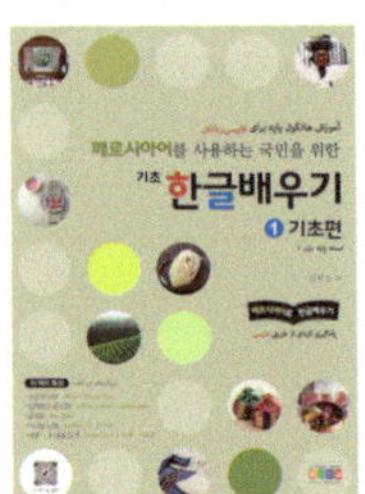

13. 페르시아어로 한글배우기
یادگیری کره‌ای از طریق فارسی

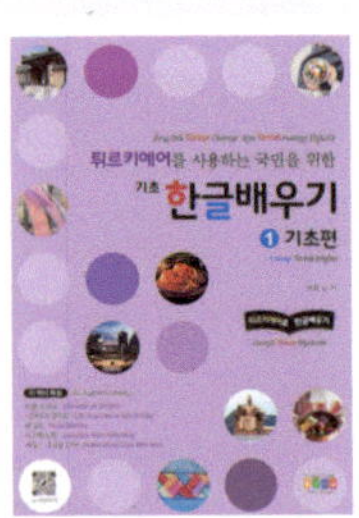

14. 튀르키예어로 한글배우기
Hangıl'ı **Türkçe** Öğrenme

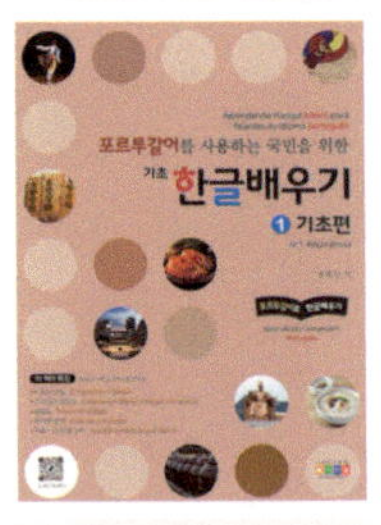

15. 포르투갈어로 한글배우기
Aprendendo Coreano
em **Português**

16. 스페인어로 한글배우기(남미)
Aprendizaje de coreano
en **español**

17. 인도네시아어로 한글배우기
Belajar Hangul dalam
Bahasa Indonesia

18. 이탈리아어로 한글배우기
Imparare Hangul
in italiano

19. 캄보디아어로 한글배우기
រៀនអក្សរកូរ៉េជាភាសាខ្មែរ

20. 라오스어로 한글배우기
ຮຽນຮັນກຶລດ້ວຍພາສາລາວ

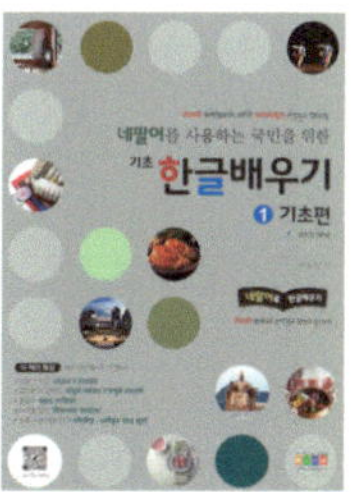

21. 네팔어로 한글배우기
नेपाली भाषामा हाङ्गुल
सिक्ने पुस्तक

22. 미얀마어로 한글배우기
မြန်မာဘာသာစကားဖြင့် ကိုရီး
ယားစာ သင်ယူခြင်း

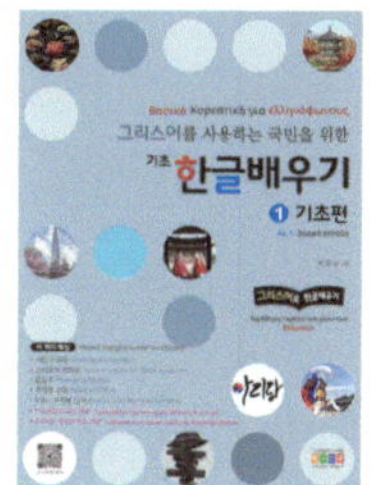

23. 그리스어로 한글배우기
Εκμάθηση Κορεατικών
μέσω των Ελληνικών

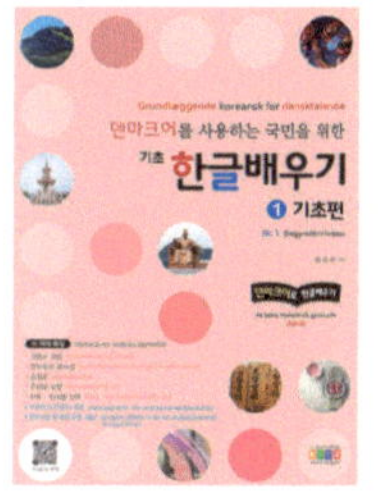

24. 덴마크어로 한글배우기
At lære koreansk
gennem dansk

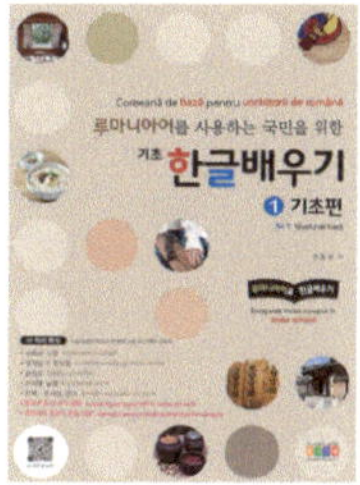

25. 루마니아어로 한글배우기
Învăţarea limbii coreene
în limba română

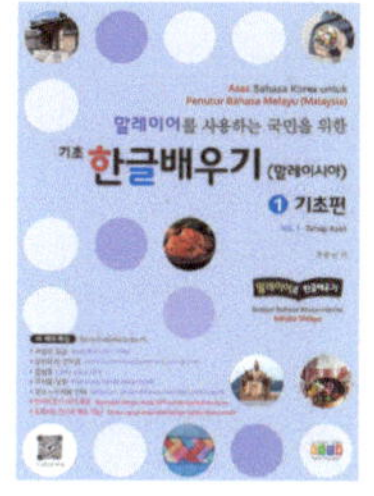

26. 말레이어로 한글배우기
Belajar bahasa Korea
melalui bahasa Melayu

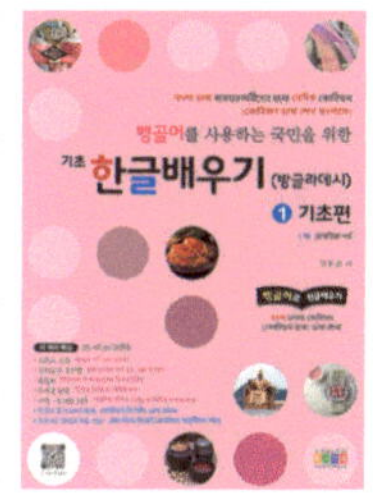

27. 벵골어로 한글배우기
বাংলা ভাষায় কোরিয়ান
(কোরিয়ান ভাষা) ভাষা শেখা

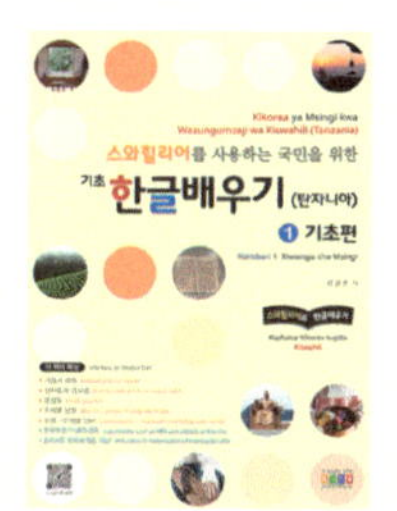

28. 스와힐리어로 한글배우기
Kujifunza Kikorea kupitia
Kiswahili

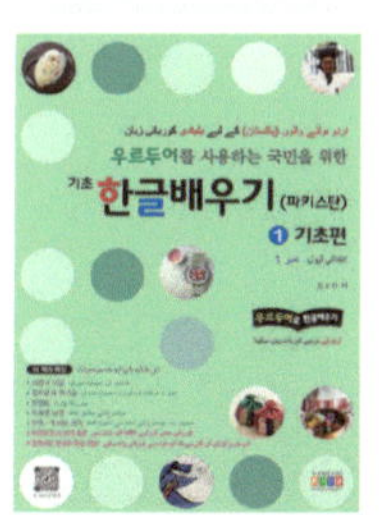

29. 우르두어로 한글배우기
اردو کے ذریعے کوریائی زبان سیکھنا

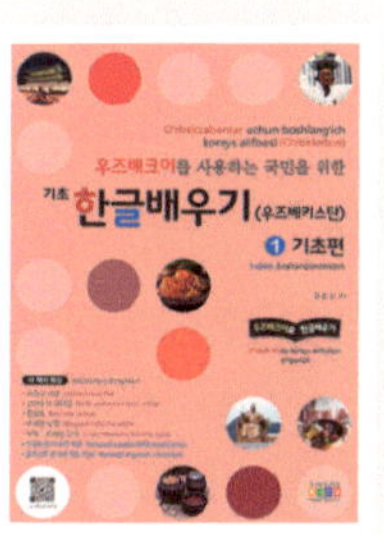

30. 우즈베크어로 한글배우기
O'zbek tilida koreys
alifbosini o'rganish

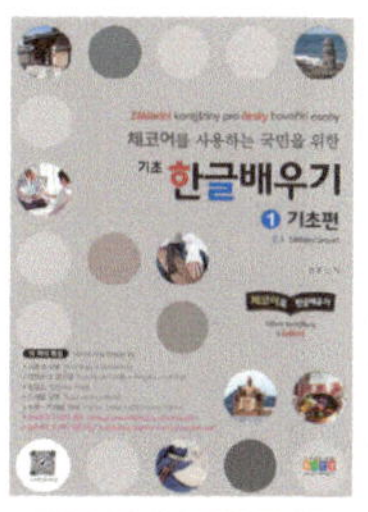

31. 체코어로 한글배우기
Učení korejštiny
v češtině

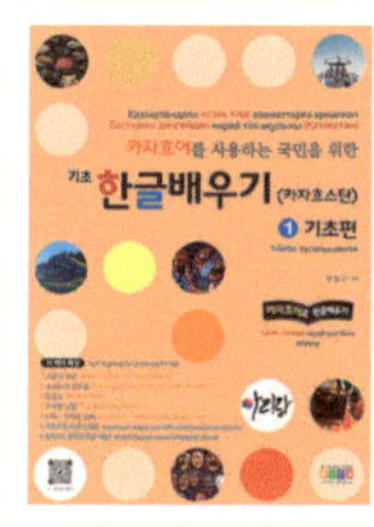

32. 카자흐어로 한글배우기
Қазақ тілінде корей
әліпбиін үйрену

33. 키르기스어로 한글배우기
Корея тилин үйрөнүү
Кыргызча

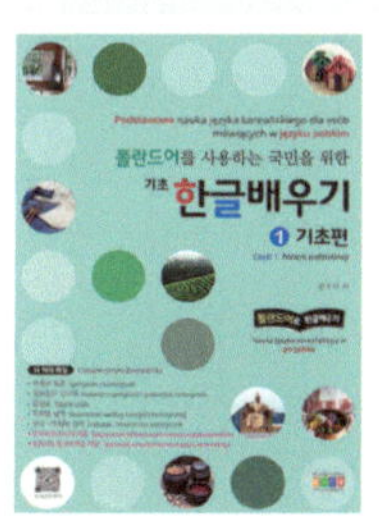

34. 폴란드어로 한글배우기
Nauka języka koreańskiego
w po polsku

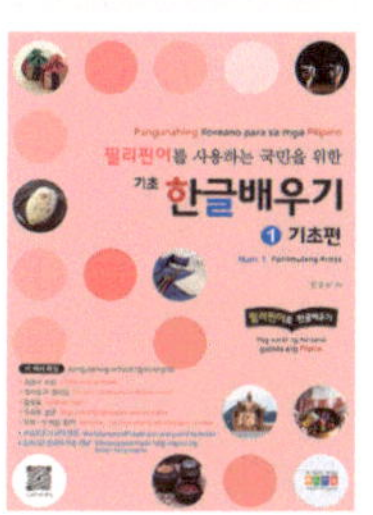

35. 필리핀어로 한글배우기
Pag-aaral ng Koreano
gamita ang Filipino

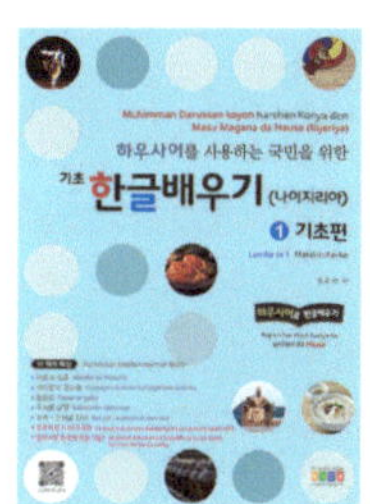

36. 하우사어로 한글배우기
Koyon harshen Koriya ta
amfani da Hausa

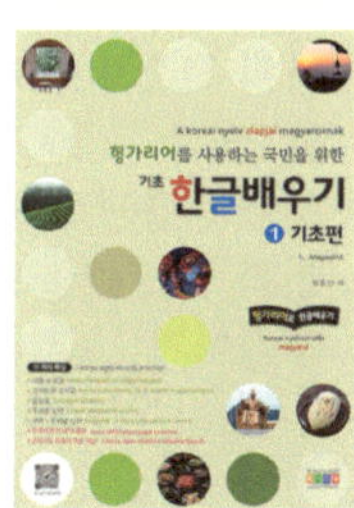

37. 헝가리어로 한글배우기
Koreai nyelvtanulás
magyarul

폴란드어를 사용하는 국민을 위한 기초 한글배우기

한글배우기 ❶ 기초편

2026년 2월 25일 초판 1쇄 발행

발행인 | 배영순
저자 | 권용선(權容璿)   Autor : Kwon, Yong-sun
펴낸곳 | 홍익교육   Wydawca : Korea Południowa, Instytucja Edukacyjna Hongik
기획·편집 | 아이한글 연구소
출판등록 | 2010-10호
주소 | 경기도 광명시 광명동 747-19 리츠팰리스 비동 504호
전화 | 02-2060-4011
홈페이지 | www.k-hangul.kr
E-mail | kwonys15@naver.com
정가 | 14,000원
ISBN 979-11-88505-95-1 / 13710